신라는 어떻게 살아남았는가

# 신라는 어떻게 살아남았는가

—— 이상훈

**푸른역사**

# 최후의 승자 신라

\*\*\*

가끔 낚시를 한다. 잡은 붕어는 플라스틱 통에 담아 자동차 트렁크에 싣는다. 30분 정도 지나면 붕어는 배를 드러내며 뒤집어진다. 물속에 산소가 부족하기 때문이다. 이동시간이 길어지면 대부분의 붕어들은 떠오른다. 하루는 메기와 붕어를 같이 담아온 적이 있다. 차가 막혀 이동시간이 평소보다 길어졌다. 당연히 모두 떠올라 있겠지 하며 트렁크를 열었다. 아니었다. 놀랍게도 붕어는 생생하게 살아 있었다. 무슨 이유에서일까. 분명 붕어는 물속의 산소가 부족해지는 것을 잊어버린 듯했다. 오직 눈앞의 메기로부터 살아남기 위해 발버둥쳤던 것이다.

흔히 말하는 메기효과다. 최근 메기효과에 대한 부정적인 연구도 나오고 있다. 한 공간에 의도적으로 집어넣은 메기 때문에 물고기들이 스트레스를 받는다는 것이다. 하지만 생존의 문제에서는 살아남는 것이 우선이다.

고구려, 백제, 신라의 삼국시대는 우리 역사에서 가장 드라마틱한 시기였다. 고구려는 강력한 군사력을 앞세워 드넓은 만주벌판을 호령했고, 백제는 활발한 대외교역과 높은 생산력을 바탕으로 찬란한 문화를 꽃피웠다. 하지만 신라는 고구려나 백제에 비해 열등했다. 군사, 경제, 외교, 교역, 문화 등 여러 방면에서 뒤처졌다.

신라가 뒤처진 배경에는 지리적인 환경도 큰 몫을 했다. 소백산맥으로 둘러싸인 분지에 자리했기 때문이다. 방어는 쉬웠지만 외부로 진출하기는 어려웠다. 동남쪽에 치우쳐 있어 선진문물을 받아들이는 것도 항상 늦었다. 넓은 평야지대를 가지고 있지 않았기 때문에 생산력도 그리 높지 않았다. 그렇다고 인구가 많은 것도 아니었다.

399년, 신라의 수도 경주가 포위당했다. 백제의 주도하에 왜와 가야의 연합군이 신라를 공격한 것이다. 신라 내물왕은 급히 고구려에 구원을 요청했다. 이듬해 고구려의 광개토대왕은 5만 명의 군사를 보냈고, 경주의 포위를 풀어주었다. 고구려군은 더 남하하여 가야 지역까지 밀어붙였다. 당시 동북아의 강자로 군림하던 고구려가 한반도 남부까지 진출한 것이다.

고구려에 구원을 요청한 대가는 혹독했다. 이후 신라는 내물왕의 아들을 고구려에 볼모로 보내야 했고, 신라에는 고구려군이 주둔하기 시작했다. 광개토대왕의 아들 장수왕은 아버지의 업적을 광개토대왕릉비에 새겼다. 비문에는 광개토대왕은 태왕太王으로, 고구려의 백성은 민民으로 기록되어 있다. 반면 신라의 백성은 고구려의 속민屬民으로 기록되었다. 고구려 왕이 신라 왕보다 한 단계 높고, 신라의 백성은 고구려에 예속된 존재로 인식했던 것이다.

자기 영토에 침입한 외적을 막지 못해 외국 군대를 불러들여야만 했던 나라, 그 외국 군대가 자기 나라에 주둔하면서 영향력을 행사하는 모습을 지켜봐야만 했던 나라. 비참했다. 하지만 힘이 없어 참을 수밖에 없었다. 그로부터 꼭 276년이 흘렀다. 자신을 공격했던 백제와 가야, 자신을 구원했던 고구려도 모두 지도에서 사라졌다. 마지막까지 살아남은 것은 가장 약한 신라였다.

***

2015년은 광복 70주년이자 분단 70주년이 되는 해다. 한반도의 광복과 분단에 직접적인 영향을 끼친 나라가 여전히 강대국으로 주변에 존재하고 있다. 거침없이 성장하는 중국과 군사 대국화를 노리는 일본이다. 게다가 한반도는 남북으로 분단되어 휴전 중이다. 강대국과 북한에 둘러싸인 우리의 현실은 불안하기만 하다.

무기의 성능이 동일하다는 가정 하에 두 세력이 싸울 경우 승패를 결정하는 것은 병력 수다. 보다 많은 병력을 가진 측이 당연히 승리한다. 이와 관련해서 영국의 항공공학자 프레더릭 란체스터Frederick Lanchester는 흥미로운 관점을 제기한다. 승패가 단순히 병력 수에 비례하는 것이 아니라 제곱의 비율로 차이가 난다는 것이다. 영국 전투기 5대와 독일 전투기 3대가 싸운다고 가정해보자. 결과는 영국기 2

대가 살아남는 것이 아니라, 2대의 제곱인 4대가 살아남는다. 힘의 차이가 더 큰 결과를 가져온다는 주장이다. 병력이 적은 약자가 병력이 많은 강자와 대결할 경우 정면으로 붙어서는 안 된다. 승리는커녕 제곱의 비율로 패배하기 십상이다. 따라서 약자는 강자와의 정면 대결을 피하고 강자의 힘을 분산시켜야 한다. 여기에 지도자의 리더십과 전략전술이 가미되면 약자에게도 기회가 주어진다.

김유신이 공격 명령을 내렸다. 일사분란하게 지휘기가 휘날리고 모든 북이 울리기 시작했다. 병사들은 공격 대형으로 전개했다. 문무왕은 높은 곳에 올라서서 병사들을 지긋이 바라보다가 눈물어린 말로 병사들을 격려했다. 피비린내 나는 전투 현장에서 자신들의 국왕을 직접 본 병사들은 모두 감격했다. 눈과 귀에서 시작된 떨림은 심장을 거쳐 팔과 다리로 퍼져나갔다. 이들은 적의 칼날을 두려워하지 않고 돌격했고, 결국 성을 함락했다. 병사들을 격려하는 문무왕, 병사들에게 신뢰받는 김유신, 죽음을 두려워하지 않는 신라군. 군주–장수–병사의 이상적인 모습이다.

이 책은 고구려와 백제의 틈바구니 속에서 최후의 승자가 된 신라의 이야기다. 신라는 과연 어떻게 살아남을 수 있었을까? 이 의문에 답하기 위해 여러 가지 사례를 정리하고 개인적인 생각을 조금 보탰다. 시간순으로 정리된 것이 아니어서 읽고 싶은 주제부터 읽어도 큰 무리는 없다. 주제별로 읽어나가면서 김유신의 리더십, 화랑의 희생정신, 시대 배경과 정치 상황, 위기 대처와 극복 방법, 전투와 전쟁 방식 등을 살필 수 있다.

저들과 같을 수는 없겠지만 우리 역시 삶이라는 또 다른 전쟁을 치르고 있다. 이 책이 치열한 경쟁사회에서 어떻게 살아남을 수 있는지 되돌아보는 계기가 되었으면 한다.

***

기존에 발표한 논문과 저서를 중심으로 재구성했다. 여기에는 경상북도가 주관하는 《신라사대계》와 서울시사편찬위원회가 주관하는 《서울2천년사》에 게재한 글도 포함되어 있다. 상당 부분은 선학들의 연구 성과를 참조해서 썼다. 독자들에게 학계의 연구 성과들을 조금이나마 더 친숙하게 소개하고 싶었다. 분석이나 비판하는 글이 아닌 개인적인 생각을 담은 글이고자 했다. 쉽게 읽히도록 될 수 있으면 풀어 쓰려고 노력했다. 이 과정에서 인용 부분임에도 불구하고 일일이 출처를 밝히지 못했다. 잘못 이해한 부분도 있을 것이다. 선학들의 너그러운 양해를 바란다.

모든 면에서 군사적 관점이 우세한 국가를 병영국가兵營國家라 한다. 미국의 정치학자 해럴드 라스웰Harold Lasswell이 명명한 개념이다. 신라 또한 일종의 병영국가였다는 것이 이 책의 결론이다. 이 같은 관점에서 주로 전쟁사 중심으로 신라사회를 살폈다. 많이 알려진 전쟁과 전투에 대해서는 언급을 자제했다. 좀 더 구체적인 내용을 원하는 독자들은 참고문헌에 소개된 학계의 연구 성과를 활용하면 좋겠다.

이 책이 세상에 나오게 된 것은 푸른역사 박혜숙 대표님의 관심과 배려 덕분이다. 그리고 꼼꼼하게 책을 편집하고 조언해준 정호영 편집자를 비롯하여, 디자인·홍보 등에 신경을 써주신 푸른역사 관계자 분들의 노고를 잊을 수 없다. 은사이신 이문기 선생님과 교내외 여러 선생님들의 조언과 격려에 감사드린다. 마지막으로 가장 큰 힘이 되는 가족과 지인들에게 사랑한다는 말을 전하고 싶다.

2015년 11월 산격동에서

서현아빠가

차례

1

以聽得心

상대방의 말을 귀담아 들어 마음을 얻다

# 군사의 마음을 사로잡은 김유신, 신라의 힘

## 솔선수범, 리더가 갖춰야 할 첫 번째 덕목

662년 1월의 일이다. 당나라의 소정방이 고구려의 평양을 포위 공격하는 와중에 식량이 떨어졌다. 당군은 연합국인 신라에 구원을 요청했다. 문무왕이 신하들에게 물었다. "어찌하면 좋겠소?" 모두 말하기를 "적의 땅에 깊이 들어가 군량을 수송하는 일은 형세를 보아 할 수 없습니다"라고 했다. 문무왕은 근심에 싸인 채 한숨을 내쉬며 탄식했다.

　김유신(595~673)이 앞으로 나아가 답했다. "신이 과분하게 은혜를 입고 욕되게 무거운 직책을 맡고 있으니, 나라의 일이라면 죽어도 피할 수 없습니다. 오늘은 곧 늙은 신하가 절개를 다하는 날이오니, 적국을 향해 나아가 소정방 장군의 뜻에 부응하도록 하겠습니다." 문무왕

662년 당시 고구려와 신라의 국경은 임진강을 중심으로 형성되어 있었다.
평양으로 향하는 길은 장단-개성을 경유하여 마식령산맥 좌측으로 가는
방법과 연천-삭녕을 경유하여 마식령산맥 우측으로 가는 방법이 있었다.
하지만 주요 교통로인 개성과 삭녕에는 고구려의 수비군이 주둔하고 있었
기 때문에 김유신이 쉽게 선택할 수 없었다. 사서에는 김유신이 소로를 이
용했으며 교전 없이 마식령산맥을 통과한 것으로 되어 있다. 김유신은 고
랑포 방향으로 임진강을 건너, 몰래 마식령산맥의 소로를 이용하여 북상한
것으로 보인다.

＊출처: 구글어스 위성지도.

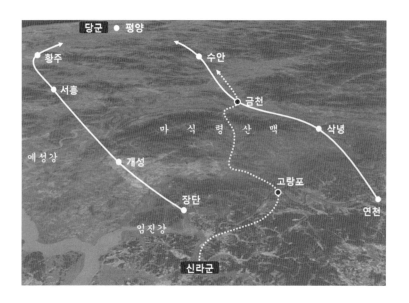

이 일어나 김유신의 손을 잡고 눈물을 흘리며 말했다. "공公과 같은 어
진 보필輔弼을 얻었으니 근심이 없소이다. 이번 싸움에서 목적하는 바
를 그르치지 않는다면, 공의 공덕功德을 언젠들 잊을 수 있으리오."

드디어 김유신의 군량수송 부대가 편성되어 북쪽으로 나아가기 시작했다. 1월 23일, 신라군은 고구려와의 국경인 임진강에 도달했다. 이 때 병사들이 모두 두려워하여 감히 먼저 배에 오르지 못했다. 김유신은 "제군들이 죽는 것을 두려워한다면 어찌 여기에 왔는가?"라고 말하며 스스로 먼저 배를 타고 강을 건넜다. 이를 본 병사들이 김유신을 따라 강을 건너 고구려 땅으로 들어갔다. 김유신은 그렇게 가장 위험한 곳에 가장 먼저 들어감으로써, 부하들이 두려움을 극복하고 자신을 더욱 신뢰하도록 만들었다.

고구려 영토로 진입했지만 날씨가 추워 동사자들이 많이 발생했다. 사기는 저하되고 두려움이 커져갔다. 김유신이 다시 나섰다. "적을 가벼이 여기는 자는 반드시 성공하여 돌아가게 될 것이다. 만일 적을 무서워한다면 어찌 사로잡힘을 면할 수 있겠는가. 마땅히 마음을 하나로 하고 힘을 합쳐 한 사람이 백 명을 상대할 수 있기를 귀관들에게 바라는 바이다." 확고한 눈빛과 차분한 음성으로 여러 병사들을 다독였다. 병사들은 모두 "원컨대 장군의 명을 받들어, 감히 살기를 꾀하는 마음을 가지지 않겠습니다"라고 했다. 김유신은 이러한 과정을 통해 병사들의 마음을 다잡고 사기를 회복할 수 있었다.

리더로서 자기 확신이 없으면 부하들을 이끌 수 없다. 목숨을 걸어야 하는 전투 앞에서는 누구나 두려울 수밖에 없다. 리더 또한 마찬가지다. 가장 높은 곳에 있는 자가 가장 낮은 곳에 위치할 때 아랫사람들의 마음을 움직일 수 있다. 리더의 역량은 가장 위험하고 어려운 상황에서 드러나는 법이다.

## 열기와 구근, 부하에 대한 신뢰로 충성 이끌어내

신라군은 북상하여 평양 인근에 도달했다. 하지만 평양 주변으로 고구려군이 적지 않게 배치되어 있었다. 당군과 연락을 취하는 일조차 쉽지 않았다. 군량을 수송해 온 상황을 당군에게 알리고, 군량을 전달할 시점과 장소를 협의해야만 했다.

김유신은 보기감步騎監 열기를 불렀다. "내가 어릴 때부터 그대와 함께 어울려 그대의 지조와 절개를 잘 알고 있소. 지금 소정방 장군에게 우리의 뜻을 전달하려고 하는데 사람을 구하기 어렵소이다. 그대가 갈 수 있겠소?" 하늘은 맑고 바람은 차가웠다. 열기가 답했다. "제가 비록 불초하지만 외람되이 중군직中軍職에 있고, 더욱이 장군의 명령을 받기까지 했습니다. 죽는 날과 사는 날이 같도록 하겠습니다." 열기는 구근과 더불어 10여 명을 거느리고 무사히 당군의 진영에 도착해 신라군의 상황을 알렸다.

열기의 관직인 보기감은 11등 나마에서 13등 사지에 해당하는 낮은 관등이었다. 높은 직급의 상사가 자신을 잘 모를 것이라 생각했는데 자신을 제대로 알아봐줄 때 느끼는 감정을 무엇에 비하랴. 장수의 부하에 대한 무한한 신뢰는 부하의 충성을 자연스럽게 유도할 수 있다. 장수가 자신을 믿고 인정해줬을 경우 부하는 자신의 목숨을 아끼지 않는 법이다. 김유신이 부하를 대하는 태도를 엿볼 수 있는 대목이다.

김유신은 편의종사권便宜從事權전쟁에 나선 장수가 임의대로 신상필벌을 행할 수 있는 권한을 행사하여 열기와 구근에게 급찬級湌의 직위를 주었다. 이후 김유신이 이끄는 신라군은 무사히 신라로 귀환했다. 김유신이 경주로 돌아와 문무왕에게 보고했다. "열기와 구근은 천하의 용사입니다. 신이 편의便宜로 급찬의 직위를 주었습니다. 허나 이들의 공로에 맞지 아니하니 사찬沙湌으로 올려주시기를 청합니다." 왕이 답했다. "사찬의 관품은 과하지 아니하오?" 김유신이 두 번 절하고 다시 아뢰었다. "관작과 녹봉은 공정한 그릇으로서, 공이 있는 사람에게 주는 것이옵니다. 어찌 과하다 하겠습니까." 김유신의 말을 들은 왕은 이를 허락했다.

급찬은 신라의 17관등 가운데 9등이며, 사찬은 8등이다. 특히 사찬은 일정한 독립부대를 인솔할 수 있는 관등이기도 하다. 김유신과 신라군의 공로를 잘 알고 있는 문무왕도 잠시 주저할 정도로 파격적인 대우였다. 그럼에도 김유신은 자신을 숙여 간절히 요구했고, 문무왕은 허락해주었다. 이를 지켜본 병사들은 김유신을 어떻게 생각했을까?

## 소정방과 김문영, 전쟁 불사의 의지로 부하의 마음을 얻다

660년 나당연합군의 백제 공격이 시작되었다. 당군 13만 명은 금강 하구의 기벌포로 진입하고, 신라군 5만 명은 탄현을 지나 황산벌로 나아갔다. 김유신은 황산벌에서 계백(?~660)을 물리친 후 당군의 진영으로 이동했다.

김유신과 신라군 장수들이 도착했지만, 당군의 분위기는 싸늘했다. 신라군이 약속한 날짜를 어겼다는 이유에서였다. 김유신은 진영 안에 들어가지도 못하고 군문軍門 앞에서 소정방과 마주했다. 소정방은 신라의 독군督軍 김문영의 목을 베겠다고 했다. 김유신은 여러 군사들을 바라보며 소리쳤다. "대장군소정방이 황산에서의 싸움은 보지도 않고 단지 기일에 늦은 것만 죄로 삼으려 하니, 나는 죄 없이 욕됨을 받을 수 없소이다. 반드시 먼저 당군과 싸운 후에 백제를 쳐부수겠소!"

김유신이 군문에서 부월斧鉞도끼을 부여잡자 머리털이 꼿꼿이 서고 허리에 찬 보검이 저절로 칼집에서 튀어 나왔다고 한다. 부월은 국왕이 김유신에게 하사한 것이다. 국왕으로부터 권한을 위임받았다는 증거다. 전장에 나아간 장수가 국왕의 명령을 거치지 않은 채 직접 신상필벌하고, 경우에 따라 교전할 수 있는 권한이 주어졌던 것이다. 김유신의 행동은 농담이 아니라 진심이었다. 보검이 튀어 나왔다는 것은 김유신과 주변의 장수들이 칼 손잡이를 잡으며 전투태세를 갖춘 상황을 묘사한 것으로 보인다.

소정방의 우장군이었던 동보량이 소정방에게 속삭였다. "신라 군사들이 장차 변심할 것 같습니다." 결국 소정방은 어쩔 수 없이 김문영의 죄를 없던 것으로 했다. 이러한 내용이 실제 대화였는지는 알 수 없다. 다만 백제 공격 과정에서 신라와 당 사이에 알력이 있었던 것은 분명하다. 김유신은 부당한 처우에 대해 반발했고, 부하를 살리기 위해 연합국과의 전쟁도 불사하겠다는 결연한 의지를 보였다. 이를 본 김문영과 신라 장수들은 김유신에 대한 충성을 가슴 깊이 새겼음에 분명하다.

유능한 장수는 불리한 전황을 바꾸고 약한 전력이라도 전쟁을 승리

경주시 용강동 고분에서 발굴된 흙으로 만든 무인武人의 모습이다. 앞
의 두 토용土俑이 대련을 하듯 역동적인 모습을 보여주고 있다. 용강동
고분은 1986년 경주고적조사발굴단에 의해 발굴되었다. 국립경주박물
관에서 소장 중이다.

로 이끌 수 있다. 김유신은 유능한 장수였다. 솔선수범으로 병사의 사
기를 진작시키고, 부하에 대한 신뢰로 어려운 작전을 성공하고, 부하
를 살리려는 강한 의지를 드러냄으로써 충성을 유도해냈다. 김유신이
라는 지도자의 존재는 신라를 지탱하는 힘이었다.

# 2

## 鼓舞激勵

● 북을 치고 춤을 추어 사기를 올리다

# 가족보다 병사의 사기를
# 먼저 생각하는 리더

## 사기를 끌어올리는 대중 연설

2차 세계대전 당시 영국을 이끌었던 윈스턴 처칠은 명언을 남겼다. "어떤 대가를 치르더라도 승리요, 어떤 공포에서도 승리요, 그 길이 아무리 멀고 험해도 승리해야 한다. 승리 없이는 생존이 없기 때문이다." 영국은 나치 독일에 끝까지 저항했고, 결국 노르망디 상륙작전을 통해 독일의 패망을 이끌었다. 처칠의 명언과 명연설은 영국인들이 독일과 싸울 수 있는 힘의 근원이었다.

642년 백제의 신라에 대한 공격이 거세졌다. 위기를 느낀 신라는 고구려에 병력을 요청하기로 했다. 나중에 무열왕이 되는 김춘추가 외교사신으로 나섰다. 그런데 김춘추가 고구려로 간 지 두 달이 지나도 돌아오지 않았다. 김유신은 김춘추를 구하기 위해 병사들을 모집했다.

김유신은 용감한 병사 수천 명을 선발한 후 다음과 같이 말했다. "위태로울 때 목숨을 내놓고 어려운 일에 몸을 돌보지 않는 것이 열사 烈士의 뜻이라 들었다. 무릇 한 사람이 죽음에 나서면 백 사람을 당할 수 있고, 백 사람이 죽음에 나서면 천 사람을 당할 수 있으며, 천 사람이 죽음에 나서면 만 사람을 당할 수 있다. 그리하면 천하를 주름잡을 수 있다. 지금 나라의 어진 재상이 다른 나라에 잡혀 있는데, 어찌 무서워 어려운 일을 하지 못할 것이냐?" 이에 여러 사람들이 "만 번 죽고 한 번 사는 일에 나서더라도 감히 장군의 명을 따르지 않겠습니까?"라고 했다.

《삼국사기》의 〈김유신 열전〉에는 김유신이 3,000명을 모집한 것으로 적혀 있으나, 〈신라본기〉에는 1만 명을 인솔한 것으로 기록되어 있다. 신라 정규군 수천 명에 추가로 병사를 모집하여 1만 명 내외의 군사를 지휘한 것으로 보는 편이 자연스럽다. 아무튼 김유신은 군사를 거느리고 고구려 국경으로 북상했다. 고구려에 무력시위를 한 것이다. 덕분에 김춘추는 무사히 풀려날 수 있었다.

김유신은 어떻게 그리 많은 병사를 모집할 수 있었을까? 그의 명망이 큰 역할을 한 것으로 보인다. 병사 모집 후 행한 연설을 통해 볼 때, 김유신은 대중을 사로잡는 언변에 능했던 듯하다. 젊은 병사들의 혈기와 감성을 잘 파악해 사기를 끌어올리는 능력이 탁월했던 것이다.

## 비녕자 부자와 합절,
## 자신을 알아주는 이를 위해 목숨을 바치다

647년 10월, 무산성전투가 발생했다. 백제군이 신라의 서쪽 국경을 공격해 온 것이다. 국왕은 김유신에게 보병과 기병 1만 명을 거느리고 방어하게 했다. 백제군이 정예하여 고전을 면치 못했다. 점차 사기가 떨어지고 힘에 부치기 시작했다.

김유신이 비녕자를 불렀다. "깊은 겨울이 되어야 소나무와 잣나무가 뒤늦게 색을 잃는다는 것을 알 수 있소. 지금 일의 형세가 급하니, 그대가 아니면 누가 여러 사람의 마음을 격려할 수 있겠소." 술을 마시면서 은근히 속내를 비쳤다. 비녕자가 곧 김유신의 뜻을 알아차리고 두 번 절한 후 결의에 찬 목소리로 말했다. "여기 많은 사람들 가운데 특별히 저에게 일을 맡기시니, 저를 알아주시는 것입니다[知己]. 마땅히 죽음으로써 보답하겠습니다."

비녕자는 김유신의 군막을 나왔다. 자신의 하인인 합절을 불렀다. "내가 오늘 위로는 나라를 위하고 아래로는 나를 알아주는 이[知己]를 위하여 죽을 것이다. 나의 아들 거진이 나이는 어리지만 씩씩한 기운이 있으니 반드시 함께 죽으려 할 것이다. 그런데 부자가 함께 죽는다면 집안사람들은 앞으로 누구를 의지하겠는가. 너는 거진과 함께 내 해골을 잘 거두어 돌아가 제 어미의 마음을 위로하라!" 말을 마친 비녕자는 말에 채찍질을 가했다. 창을 비껴들고 적진으로 뛰어들어 여러 명을 죽이고 자신도 죽었다.

<그림 2-1>

**소백산맥과 교통**

백제와 신라의 국경은 주로 소백산맥을 경계로 형성되었다. 가끔 소백산맥을 바라보면 거대한 병풍처럼 보일 때가 있다. 신라는 소백산맥으로 둘러싸여 방어에 유리했지만, 역으로 소백산맥 방어선이 뚫릴 경우에는 자연적 방어선을 설정하기가 쉽지 않았다. 그래서 낙동강 방어선까지 물러서야 하는 경우가 많았다.

＊ 출처: 구글어스 위성지도.

아들 거진이 이를 바라보고 나가려 했다. 합절이 거진을 막아섰다. "아버님께서 제게 도련님과 함께 집으로 돌아가 어머님을 위로하라고 하셨습니다. 지금 아들로서 아버지의 명을 저버리고 어머니의 자애를 버린다면 어찌 효도라 하겠습니까." 말고삐를 잡고 놓아주지 않았다. 거진이 말했다. "아버지가 죽는 것을 보고 구차스럽게 사는 것을 어찌 효도라 하겠는가." 곧 칼로 합절의 팔을 쳐버린 후 적진으로 들어가 싸우다가 죽었다. 이를 본 합절이 되뇌었다. "상전이 무너졌는데 죽지 않고 무엇하리요." 합절 또한 나가 싸우다가 죽었다. 비녕자 부자와 합절의 죽음을 지켜본 신라 군사들은 감격하여 서로 다투어 나아갔다. 가는 곳마다 적의 기세를 꺾고 진영을 함락했다. 신라군이 크게 이겨 백제군 3,000여 명의 목을 베었다. 신라의 대승이었다.

전투가 끝나자 김유신은 세 시신을 거두어 오도록 명령했다. 해는 이미 서쪽으로 길게 목을 빼고 있었다. 김유신은 직접 옷을 벗어 이들의 시신을 덮어주었다. 참고 있던 감정이 끓어올라 크게 곡하며 울었다. 이를 지켜본 신라 군사들 또한 함께 울었다. 왕이 소식을 듣고 예를 갖추어 세 시신을 반지산에 합장하게 했다. 처자와 가문에는 포상을 더욱 후하게 주었다.

사위지기자사士爲知己者死. 선비는 자기를 알아주는 사람을 위해 죽는다고 했다. 비녕자는 자신을 알아주는 김유신을 위해 기꺼이 목숨을 바쳤다. 김유신은 평소 비녕자의 언행을 통해 그의 심리상태와 마음가짐을 잘 파악하고 있었다. 부하의 충성심을 잘 헤아려 전투를 승리로 이끌었던 것이다. 그리고 전사자에 대한 예우를 하면서 신라군의 단결심과 충성심을 강화할 수 있었다.


## 김유신은 왜 가족을 외면했을까

선덕여왕 시기(632~647) 신라와 백제의 변경 싸움이 치열했다. 김유신은 대장군이 되어 백제를 공격해 7개의 성을 함락시켰다. 그런데 김유신이 경주로 돌아와 왕을 만나기 전에 급보가 날아들었다. 백제군이 신라의 변경을 침범했다는 것이다. 왕은 백제군을 막으라고 명령했다. 김유신은 집에 들르지도 못한 채 다시 변경으로 나아갔다. 백제군 2,000명의 목을 베고 경주로 돌아왔다. 이번에는 왕에게 보고를 하고, 집에 들르고자 했다. 하지만 또다시 백제가 침범했다는 보고가 올라왔다.

왕은 다시 김유신을 찾아 말했다. "나라의 존망이 공의 손에 달렸소. 수고로움을 꺼리지 말고 가서 도모해주길 바라오." 김유신은 또 집에 들르지 못하고 병사들을 정비했다. 김유신이 병사들을 거느리고 서쪽으로 떠날 때 자신의 집을 지나게 되었다. 김유신 집안의 남녀들이 모두 나와 김유신이 떠나는 모습을 바라보며 눈물을 흘렸다. 김유신은 애써 외면한 채 돌아다보지 않고 그대로 변경으로 향했다.

김유신이 떠날 때 집안의 남녀들이 배웅하러 나왔다는 점을 주목해보자. 배웅 나왔다는 사실은 이들이 김유신이 떠날 시기를 알고 있었음을 말해준다. 대규모 행군이었기 때문에 사전에 출발일자가 알려졌을 수 있다. 김유신 스스로 집에 알렸을 수도 있다. 아무튼 김유신은 자신의 집 앞을 지났다. 하지만 가족들과 잠시 인사를 하지도, 고개를 돌려 눈빛을 나누지도 않았다.

왜 그랬을까? 병사들 앞에서 장군으로서의 위엄을 보이고 싶었던 것일까? 그보다는 병사들의 사기와 관련되어 있는 것 같다. 김유신이야 나라의 대장군으로서 권력과 명예를 누리고 있었으므로 나라에 충성하는 것은 당연한 일이다. 하지만 대부분 징집된 처지였던 보통의 월정교月淨橋는 궁성인 반월성 남쪽에 남천南川을 가로지르며 놓여 있다. 현재 복원공사가 한창이다. 신라 경덕왕 시기에 월정교와 춘양교를 놓았다는 기록이 있지만, 그 이전부터 하천을 건너기 위한 작은 교량은 있었을 것이다. 김유신은 반월성에서 국왕에게 출정보고를 한 후 남천을 건너 국경으로 향했다.

〈그림 2-2〉

**월정교**

병사들은 가족의 품이 그리웠을 것이다. 일부 병사들은 교대를 했겠지만, 잦은 출정으로 인해 적지 않은 병사들은 교대도 못한 채 다시 전장으로 나가야만 했다. 김유신은 이들을 이끌어야 하는 리더였다. 부하들의 사기를 위해 사랑하는 가족을 애써 외면하고 돌아섰다. 장군으로서 솔선수범하는 고도의 심리전을 폈던 것이다. 가족보다 병사의 사기를 먼저 생각하는 리더, 신라가 살아남을 수 있는 토대였다.

# 3

姦聲亂色

● 간사한 소리와 색은

귀와 눈을 어지럽힌다

姦聲亂色

# 미신, 징조에 현혹되지 않는
# 냉철함이 필요하다

## 소정방과 새, 병사들의 불안감을 해소하다

몽골은 유라시아 대륙에 거대 제국을 건설했다. 몽골군의 힘 덕분이었다. 몽골군은 적국에 대한 정찰과 첩보 수집뿐만 아니라 역정보 제공이나 소문 확산에도 능했다. 뛰어난 기동성과 정보망을 바탕으로 고도의 심리전을 구사했다. 예를 들면 저항하는 도시는 초토화시키고, 항복하는 도시는 살려주었다. 그러고는 이를 널리 퍼뜨렸다. 아주 단순한 전략이었지만 효과는 컸다. 몽골이 싸워 점령한 곳보다 항복한 곳이 더 많다는 말이 나온 것도 이 때문이었다.

《삼국유사》에는 소정방이 신라와 연합하여 백제를 공격할 때의 일화가 남아 있다. 소정방이 강가에 진영을 만들었는데, 갑자기 새가 소정방의 진영 위를 맴돌았다. 사람을 시켜 점을 치니, "반드시 장군이 해를 당할 것입니다"라고 했다. 소정방은 두려웠다. 군사를 물리고 싸움을 그만두려 했다.

이 때 김유신이 소정방에게 말했다. "어찌 날아다니는 새의 괴이한 짓 때문에 하늘이 준 기회를 어길 수 있겠소이까. 하늘의 뜻에 응하고 백성의 뜻에 따라 어질지 못한 자를 치는데, 어찌 상서롭지 못한 일이 있으리오." 곧 신검神劍을 뽑아 새를 겨누니 찢어져 그들 앞으로 떨어졌다. 이에 소정방은 왼쪽 절벽으로 나아가 산을 등지고 진을 쳐 백제군을 물리쳤다. 소정방은 다시 밀물을 타고 금강을 이용해 백제의 수도 사비로 거슬러 올라갔다.

이 일화는 사실이 아닐 가능성이 높다. 소정방이 금강 하구로 들어올 당시, 김유신은 탄현을 넘어 황산벌로 향하고 있었기 때문이다. 김유신이 검을 던져 새를 맞췄다(검을 뽑아 새를 겨누자 새가 떨어졌다는 건 검을 던져 새를 맞췄다는 뜻으로 보인다)고 보기도 어렵다. 오히려 점을 친 후 불길한 말을 한 자의 목을 베었을 가능성이 더 높다.

그렇다 하더라도 곱씹을 점이 없는 것은 아니다. 특히 주목할 부분은 김유신이 미신이나 징조에 현혹되지 않았다는 점이다. 군중은 두려울 때 자신의 불안감을 어떤 사물에 투영하고 상징화하여 위안을 받고자 한다. 김유신은 이러한 상징 자체를 없애버려 불안감을 해소했던 것이다.

## 비담과 별, 리더의 냉정한 상황 대처가 중요하다

647년 신라의 최고관직인 상대등上大等 비담이 진골귀족들을 거느리고 반란을 일으켰다. 비담은 "여왕이 정치를 잘하지 못한다"라는 명분으로 군사를 일으키고, 선덕여왕을 폐위시키려 했다. 반란군이 왕궁을 공격했으나 저지되었다. 일단 비담은 명활산성으로 물러가 주둔하고, 왕군은 반월성에 진영을 갖추었다.

서로 싸우기 시작한 지 10일이 지난 날 한밤중에 큰 별이 왕군이 주둔한 반월성에 떨어졌다. 비담은 자신의 군사들에게 소리쳤다. "내가 들으니, 별이 떨어진 아래에는 반드시 유혈流血이 있다고 한다. 이는 여왕이 패할 조짐이다!" 비담의 군사들이 외치는 소리가 땅을 진동했다. 선덕여왕이 이를 듣고 두려워 어쩔 줄 몰랐다. 이 때 김유신이 선덕여왕에게 아뢰었다. "길하고 흉한 것은 무상無常하여 오직 사람 하기에 달려 있습니다. 덕德이 요사함을 눌러 이길 수 있으니, 별의 변화를 두려워할 필요가 없습니다. 왕은 근심하지 마십시오." 김유신은 허수아비를 만들어 불을 붙인 후 큰 연에 실어 올려보냈다. 별이 다시 하늘로 올라가는 것처럼 보이도록 했다.

다음날 사람을 시켜 길거리에 소문을 냈다. "어젯밤에 떨어진 별이 다시 하늘로 올라갔다." 이제 비담의 군사들이 동요하기 시작했다. 김유신은 흰 말을 잡아 별이 떨어진 곳에 제사를 지내고 축원祝願했다. "하늘의 도리는 양이 강하고 음이 약합니다. 사람의 도리는 임금이 높고 신하가 낮습니다. 지금 비담이 신하로서 임금을 도모하며 아래에 비담의 난 당시 반월성의 왕군과 명활산성의 반군이 대치했다. 위치상으로 볼 때 낭산이 두 세력의 핵심거점 역할을 했을 것이다. 큰 별이 반월성에 떨어진 날은 반군이 낭산을 점령했고, 다음에 큰 별이 다시 올라간 날은 왕군이 낭산을 차지했을 가능성이 있다.

\* 출처: 구글어스 위성지도.

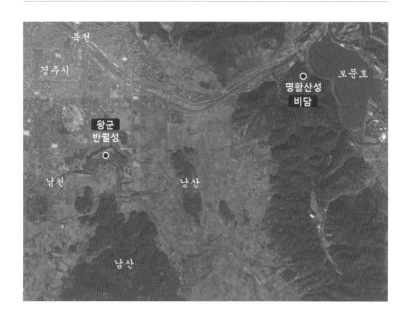

서 위를 범하고 있으니, 이는 난신적자亂臣賊子라 할 수 있습니다." 김유신은 군사들을 독려하여 공격에 나서 비담의 난을 진압했다.

비담의 난은 반란세력이 왕궁을 포위할 정도로 위협적이었다. 서로 10일간 대치하던 터라 작은 변화 하나에도 민감한 상황이었다. 이 때 별이 반월성에 떨어진 것이다. 두려워하는 병사들을 진정시킬 필요가 있었다. 김유신은 침착하게 연을 이용해 별을 다시 올려 보냈다. 상징 조작을 함으로써 병사들의 불안감을 해소시켜주었던 것이다. 김유신은 여기에서 더 나아가 소문을 퍼뜨려 오히려 적을 동요하게 만들었다. 리더의 냉철한 상황 분석과 임기응변의 대처가 어떠한 결과를 가져오는지 잘 보여주는 일화다.

## 은상과 첩자, 역정보로 대승을 거두다

649년 8월, 백제의 장군 은상이 대대적으로 신라를 공격했다. 석토성을 비롯한 7개의 성이 백제군에게 함락되었다. 신라의 김유신, 죽지, 진춘, 천존 등이 군사를 이끌고 출전했다. 밀고 밀리는 접전이 10여 일간 지속되었다. 하지만 승부가 결정나지 않았다. 그 사이 시체가 들판에 가득하고 피가 흘러 절굿공이가 뜰 정도였다고 한다.

신라군은 도살성 아래에 주둔하면서 말을 쉬게 하고 군사들을 잘 먹였다. 전열을 가다듬어 다시 공격하기 위함이었다. 이 때 물새가 동쪽으로 날아와서 김유신의 군막軍幕을 지나갔다. 여러 장수들이 이를 보고 불길한 징조라고 했다. 김유신은 "괴이하게 여길 것이 못 된다"라고 했다. 그러고는 여러 군사들에게 확실히 일러두었다. "오늘 반드시 백제인이 정탐하러 올 것이다. 너희들은 거짓으로 모른 체하고 누구냐고 묻지 말거라."

물새가 동쪽으로 날아왔다는 점을 떠올려보자. 내륙에서 전투가 벌어졌으므로 물새는 강에 사는 새였을 것이다. 강을 사이에 두고 서쪽

비담이 반란을 일으킨 후 근거지로 사용한 명활산성明活山城이다. 경주 보문단지 진입로 오른쪽에 있는데, 현재 복원공사 중이다.

에는 백제군이, 동쪽에는 신라군이 주둔했음을 짐작할 수 있다. 강에 살던 물새가 놀라 신라군 진영으로 날아온 것은 누군가 강을 건너 침투해 온 정황임을 알 수 있다. 동쪽으로 강을 건너와 강변에 숨어 있다가 해가 진 후 신라군 진영으로 잠입할 가능성이 높았던 것이다.

　김유신은 명령을 내렸다. "오늘은 진영을 굳게 지키고 움직이지 마라. 내일 구원군이 오면 그 때 결전決戰한다." 김유신의 명령은 진영 전체에 전달되었고, 구원군이 온다는 소식에 사기가 올라갔다. 과연 백제의 첩자가 잠입하여 신라군의 상황을 정탐했다. 첩자는 백제 진영으로 돌아가 은상에게 보고 들은 것을 보고했다.

백제의 장수들은 신라에 구원군이 온다는 소식에 불안해할 수밖에 없었다. 균형 잡힌 천칭에는 동전 하나만 놓아도 기울고 만다. 팽팽하게 대치하던 상황에서 구원군이 온다면 균형이 깨질 것이 분명하다. 백제군이 동요하는 사이 김유신은 총공격 명령을 내렸다. 신라군이 공격하자 백제군은 신라의 구원군이 도착한 것으로 받아들였다. 대세가 기울었다고 여긴 나머지 제대로 대응조차 하지 못했다.

신라는 대승을 거두었다. 백제의 달솔達率 정중과 100명을 사로잡았다. 좌평佐平 은상과 달솔 자견 등 10명과 군사 8,980명을 목 베었다. 말 1만 필과 투구·갑옷 1,800벌을 노획했다. 사망한 군사의 숫자와 노획한 무구류의 숫자가 상당히 구체적이다. 《삼국사기》〈백제본기〉에는 은상이 처음에 정병精兵 7,000명을 인솔하여 공격한 것으로 되어 있다. 전투병 7,000명에 전투지원병 3,000명 정도를 추가하여 1만 명 정도가 백제군 전체 숫자였을 것이다. 그렇다면 은상의 1만 군사는 거의 전멸한 것이나 마찬가지다. 김유신의 통찰력과 역정보가 빛을 발하는 순간이었다.


## 흥무대왕 김유신, 사람됨이 다른 인물


김유신은 신라에 귀순한 가야 왕족의 후손이었다. 신라 진골귀족으로부터 적지 않은 시기와 견제를 받았다. 하지만 끊임없는 노력과 성찰

경주의 통일전에는 삼국을 통일한 주역으로서 태종무열왕, 문무왕, 김유신 세 명의 사적비가 나란히 서 있다. 신하인 김유신이 국왕과 동등한 위상으로 자리를 차지하고 있는 점이 주목된다.

을 통해 실력으로 승부했다. 진평왕, 선덕여왕, 진덕여왕, 태종무열왕, 문무왕까지 다섯 임금을 모셨고, 신라의 삼국통일에 결정적인 역할을 했다. 김유신이 왕족이 아님에도 불구하고 흥무대왕興武大王으로 추존되는 유일한 신하가 된 것은 이런 공로 때문이었다.

《삼국사기》〈열전列傳〉은 당시 인물들의 활약을 기록한 것이다. 총 10권의 〈열전〉 가운데 3권을 김유신이 차지하고 있다. 고려시대에 기록된 〈김유신 열전〉의 마무리는 다음과 같다. "김유신과 같은 이는 우리나라고려 사람들이 칭송하여 지금까지 없어지지 않으니, 이 점을 사대부들도 알아야 할 것이다. 그리고 꼴 베는 아이와 목동까지도 능히 알고 있으니, 그 사람됨이 어딘가 반드시 보통사람과 다름이 있을 것이다."

4

初不得三

처음 실패한 것이 세 번째에는 성공하다

# 성장하는 신라,
# 삼국 상쟁의 시대로

## 박혁거세와 6촌, 알에서 태어난 신라의 시조

신라의 시조는 박혁거세다. 박혁거세가 신라를 건국하기 전 경주 분지에는 6개의 촌락이 자리 잡고 있었다. 알천의 양산촌, 돌산의 고허촌, 취산의 진지촌, 무산의 대수촌, 금산의 가리촌, 명활산의 고야촌이다. 하루는 고허촌의 촌장이 나정蘿井 인근의 숲에서 말 우는 소리를 들었다. 다가가 보니 말이 무릎을 꿇고 울고 있었다. 좀 더 가까이 다가가자 말은 오간 데 없고 큰 알 하나만 남겨져 있었다. 알을 깨니 어린아이가 나왔다. 그가 바로 박혁거세였다. 나이 10여 세가 되자 유난히 성숙했다. 출생이 특이한 까닭에 왕으로 추대되었다. 이것이 박혁거세의 탄생 설화다. 시조가 알에서 태어났다고 해서 난생卵生 설화

〈그림 4-1〉

**6촌의 위치**

학자들마다 견해가 달라 6촌의 정확한 위치는 알 수 없다. 이 그림은 여러 연구 결과를 바탕으로 대략적인 위치를 표시한 것이다. 경주 시내를 기준으로 가리촌은 경주 북쪽, 양산촌은 남쪽, 고야촌은 동남쪽, 대수촌은 서남쪽에 위치하며, 고허촌은 양산촌의 남쪽, 진지촌은 고야촌의 남쪽에 위치한 것으로 추정된다.

* 출처: 구글어스 위성지도.

라고도 한다.

　고구려를 세운 주몽도 알에서 나왔다. 주몽의 어머니가 햇빛을 받아 잉태하여 알을 낳았다. 햇빛의 근원은 태양이다. 태양은 하늘을 나타내는데, 단군신화가 연상된다. 고조선을 세운 단군은 환인의 아들이며, 환인은 하늘에서 내려왔으므로 단군은 하늘의 자손이 된다. 즉 천손天孫이다. 이렇듯 하늘-알-사람이라는 이야기 구조가 완성된다.

이와 더불어 새를 숭상하는 문화도 가지고 있다. 솟대의 꼭대기에 새가 앉아 있는 조형물을 자주 볼 수 있다. 새는 천상의 세계와 지상의 세계를 연결하는 매개체다. 하늘을 숭상하는 것과 동일한 개념이다. 하늘에서 내려온 새가 땅에 남겨 놓은 것이 바로 알이다. 우리나라의 시조 설화에서 시조가 대부분 하늘에서 내려오거나 알에서 태어났다는 공통점을 가지고 있는 이유다.

경주 분지의 6촌은 정착생활을 하던 농경마을이었다. 말과 알로 상징되는 박혁거세는 새롭게 유입된 이주세력이었을 가능성이 높다. 말은 이동의 수단이자 기병의 근간이 된다. 군사력이 우세한 박혁거세 세력이 경주 분지로 들어오면서 점차 국가의 형태를 갖추어갔다. 박혁거세는 왕위에 오르면서 왕의 이름을 거서간居西干이라 하고, 나라의 이름을 서라벌徐那伐이라 했다. 거서간에서 '간干'은 우두머리를 나타내는 '칸Khan'과 동일한 의미로 사용되었다. 칭기즈칸의 '칸'이다.

## 6부병의 성격, 연맹군에서 단일 군사조직으로

박혁거세의 등장으로 신라라는 소국小國이 만들어졌다. 소국 초기 단계에는 다른 소국과의 대립보다는 더 중요한 문제가 있었다. 소국 내부의 계급 갈등이다. 무력武力은 주로 대외 관계가 아닌 대내 지배-피지배 관계를 유지하는 수단으로 중시되었다. 한정된 지배자 집단만이 무력을 행사할 수 있는 군사조직에 참여할 수 있었다. 당시 군사조직은 조잡한 수준에 머물렀다.

하지만 점차 신라의 영역이 확대되면서 주변 소국들과의 전쟁이 많아졌다. 이 과정에서 군사조직은 정비되기 시작한다. 3~4세기를 거치면서 주변 소국들 간의 통합이 활발하게 이루어졌다. 이제 소국보다 넓은 지역을 통치하는 영역국가가 출현했다. 이전보다 확대된 전쟁을 수행하기 위해 부병部兵이라는 군사조직이 등장하게 된다.

소국 단계의 6촌村이 확대되면서 6부部로 변경되었다. 양산촌은 양부梁部, 고허촌은 사량부沙梁部, 진지촌은 본피부本彼部, 대수촌은 모량부牟梁部, 가리촌은 한기부漢岐部, 고야촌은 습비부習比部로 이름이 바뀌었다. 이후 각 부에는 이, 최, 정, 손, 배, 설이라는 성姓이 주어졌다. 6개의 촌락이 6개의 부로 재편된 것은 내부적으로 큰 변화가 있었음을 나타낸다. 6촌에 대한 국왕의 통제력이 이전보다 강화되었던 것이다.

신라의 군대는 6부의 병사를 기반으로 형성되었다. 《삼국사기》에 이들은 육부병六部兵, 육부군六部軍, 육부경병六部勁兵 등으로 묘사되어 있다. 문자 그대로 6부의 병사로 구성된 군대임을 알 수 있다. 신라는 각 부에서 일정한 병력을 차출하여 하나로 모은 후 주변 소국들 및 백제, 가야, 왜 등과 전투를 벌였다. 신라가 영역국가로 성장하는 과정에서 6부병은 핵심적인 역할을 수행했다.

초기의 6부병은 6개의 촌락을 기반으로 하는 연맹군의 성격이 강했다. 연맹군은 대의명분보다는 각 연맹 구성체의 이해관계에 따라 움직이기 쉽다. 따라서 결속력이 약한 편이다. 이후 왕권이 성장하면서 6부에 대한 국왕의 통제력이 강화되기 시작했다. 이에 따라 6부병의 성격도 바뀌었다. 점차 연맹군적 성격은 사라지고, 국왕이 통솔하는 단일한 군사조직으로 변화해나갔던 것이다. 하지만 6부에 대한 통제력이 아무리 강화되었다 하더라도 기본적으로는 각 부의 입김이 셀 수밖에 없었다. 왕권 강화를 위해서는 반드시 넘어야 할 산이었다.

## 장군과 대당의 설치, 왕권 강화를 향해

고대에는 무력의 확보가 대체로 권력의 확보와 비례한다. 사실 절대다수의 국가나 왕조의 탄생은 무력을 기반으로 이루어졌다. 무력이 없는 권력은 대내적으로도 대외적으로도 불안하다. 신라의 기반을 안정시키고 왕권을 강화하기 위해서는 군사력을 장악할 필요가 있었다. 신라의 국왕은 차근차근 6부병에 대한 통제를 시도한다.

473년 신라에 장군將軍이라는 관직이 등장한다. 장군에는 덕지德智라는 인물이 임명되었다. 덕지는 지속적으로 장군이라는 직명을 가진 채 군사활동에 참여했다. 이를 통해 군사지휘관으로서 장군이라는 관직이 제도적으로 설치되었음을 알 수 있다. 장군의 설치는 군사력에 대한 직접 지배를 강화하려는 국왕의 의도가 반영된 것이다. 나아가 군대를 지휘하고 통솔하는 군령체계가 제도적으로 정착되기 시작했음을 의미하는 것이기도 하다.

5세기 후반에 설치된 장군은 6부병을 지휘하고 통솔하는 최고의 군관직이었다. 장군은 국왕에 의해 군령권軍令權을 제도적으로 위임받았다. 이제 외형상으로 6부병은 장군에 의해 지휘를 받게 되었다. 이는 6부병에 대한 국왕의 통제력이 이전보다 강화되었음을 의미한다.

<그림 4-2>

**나정과 양산재**

경주 나들목을 빠져나오면 가까운 곳에 나정蘿井이 있다. 박혁거세 전설이 있는 나정 옆에는 6부 촌장들을 기리기 위한 사당이 있다. 1970년에 건립된 양산재楊山齋다. 양산촌 이씨, 고허촌 최씨, 대수촌 손씨, 진지촌 정씨, 가리촌 배씨, 고야촌 설씨의 조상을 모시고 있다.

하지만 장군직의 설치만으로 6부병의 성격이 완전히 변화했다고 보기는 어렵다. 장군이 6부병을 지휘·통솔하는 데에는 엄연히 한계가 있었다. 장군직만 설치되었을 뿐 장군을 보조할 수 있는 하위 군관軍官들은 전혀 만들어지지 않았기 때문이다. 전체 연맹군의 지휘는 장군이 할 수 있었지만, 각 부병의 실제 지휘는 각 부 대표의 영향력 아래에 있었다. 장군 제도는 전통적인 부별조직과 신라의 국가조직이 결합된 과도기적 형태였던 것이다. 왕권을 강화하고 군사조직을 완전히 장악하기 위해서는 아직 갈 길이 남아 있었다.

그런데 6세기가 되면 대당大幢이라는 새로운 부대가 등장한다. 대당은 544년 진흥왕 시기에 설치되었는데, 수도인 경주에 설치된 군단이다. 왕경 주위의 6부병이 통합되어 하나의 군단으로 편성되었다. 명칭 자체에서 6부를 의미하는 부部가 빠지고 큰 부대라는 의미의 대당이 성립한 것이다. 이제 부별 편제를 기본으로 하는 6부병 성격이 완전히 사라져버렸다. 지휘와 통제를 위해 장군 아래에 새로운 군관조직이 성립하여 정비되었다. 국왕의 통제력이 한층 더 강화되었음을 알 수 있다.

6부병 조직이 재편되어 성립한 대당은 이후 신라의 핵심적인 군사조직으로서 대외 확장을 주도하게 된다. 부병에서 시작한 군사조직이 대당으로 재편되기까지 많은 시간이 흘렀다. 하나의 목표를 이루기 위해 꾸준하게 노력하고 시도한 결과였다. 그 사이 신라의 영토는 확장되었고 그만큼 신라의 왕권도 강화되었다. 이제 신라는 고구려·백제와 함께 치열한 삼국 상쟁相爭의 시대로 접어든다.

# 5

# 羊頭狗肉

양머리를 걸어 놓고 개고기를 팔다

# 신라 수군의 성장,
# 울릉도 복속에서 삼국통일까지

## 신라국의 특산품 해구와 강치

예부터 전해 내려오는 자양강장제 중 해구신海狗腎이라는 것이 있다. 해구海狗는 바다의 개물개, 신腎은 음경이다. 즉 해구신은 수컷 물개의 음경과 고환을 함께 채취하여 말린 약재. 잠자는 개 옆에 해구신을 가만히 가져다 놓았을 때, 그 개가 갑자기 놀라 뛰면서 미친개처럼 행동을 하면 진품이라 한다. 얼마 전에는 중국산 비아그라를 이용해 만든 가짜 해구신을 판매해 수십 억을 번 일당이 체포되기도 했다. 이러한 현상이 발생하는 것은 해구신이 구하기는 힘들지만 그만큼 효능이 크다고 믿기 때문일 것이다.

중국 명나라의 이시진이 1596년에 지은 약초에 관한 의학서 《본초

강목》에 해구신에 관한 내용이 있다. "신라국의 해구외신이다[新羅國海狗外腎也]." 이시진이 《본초강목》을 지은 시기는 우리나라의 조선시대에 해당한다. 신라국은 이미 멸망하고 없던 때다. 당시 신라가 없었음에도 불구하고 해구신을 신라국의 특산품이라고 한 것은 그만큼 신라에서 해구신이 많이 생산되었음을 의미한다. 그렇다면 해구는 주로 어디에 있었을까? 고구려나 백제라고 표현하지 않은 점에서 보면 우리나라의 서해안과 남해안은 해당되지 않는다. 바로 신라의 동해안을 가리키고 있음을 알 수 있다. 해구는 신라 동해안에 서식하는 물개였던 것이다.

동해에 서식하던 물개는 바다사자의 일종이다. 동해 바다사자는 몸길이가 대체로 2미터가 넘고, 수컷의 경우 몸무게가 400킬로그램에 육박한다. 위로 러시아의 캄차카반도에서 아래로 일본의 규슈 북부에 걸쳐 서식한다. 동해 바다사자의 주요 서식지는 동해의 중심이 되는 울릉도와 독도였다. 《정조실록》에서는 독도를 가지도[可支島]라 하고 그곳에 사는 바다사자를 가지어[可支漁]라고 불렀다. 1770년에 완성된 《동국문헌비고》에는 다음과 같이 묘사되어 있다. "바다 속에 큰 짐승이 있는데, 소 모양에다 눈동자는 붉고 뿔은 없다. 해안에 떼를 지어 누워 있다가 혼자 가는 사람을 보면 해코지하지만, 많은 사람을 만나면 달아나 물속으로 들어간다. 이름을 가지[可之]라 한다. 가죽이 물에 젖지 않으므로 안장, 풀무, 가죽신 등을 만들 수 있다."

가지는 강치와 같은 말이다. 강치를 잡아 가죽을 벗겨서 여러 가죽제품을 만들었다. 강치에서 나오는 기름은 항해할 때 불을 밝히는 데 육지에서 울릉도로 가는 배는 강원도의 강릉과 동해, 경상북도의 포항에서 출발한다. 대략 3시간 정도 소요된다. 요즘에도 파도가 심하면 출항이 지연되거나 결항되는 경우가 많다. 울릉도로 가는 길은 육안으로 확인이 되지 않기 때문에, 나침반이 없던 시대에는 더욱 항해가 어려울 수밖에 없었다.

\* 출처: 구글어스 위성지도.

사용하고, 고기는 먹기도 했다. 19세기 초반 5만 마리에 이르던 독도의 강치는 일제 강점기를 지나면서 완전히 멸종되고 만다. 1904년부터 일본의 어민들이 잡아들인 강치만 해도 1만 6,000마리가 넘었다고 한다.

## 올눌과 울릉, 물개가 많은 섬

해구, 가지, 강치 모두 동해에 서식하는 물개를 가리키는 말이다. 물개는 한자로 올눌膃肭이라 쓴다. 한자 자체로는 '살찌다' 라는 의미가 있다. 그런데 중국에서 왜 물개를 올눌로 쓰는지 그 어원이 명확하지 않다. 어쩌면 울릉과 관련이 있을지도 모른다.

울릉鬱陵은 우릉亐陵, 우릉羽陵이라고도 기록되어 있다. 지명 연구에 따르면, 우릉은 음차자로 '우ㄹ' 로 읽히는데, '우ㄹ' 에서 음성모음을 교체하면 '오ㄹ' 가 된다고 한다. 이는 오르다[昇]는 뜻으로 어근은 '올' 이다. 울릉도는 동해의 망망대해에 작은 섬 하나가 솟아올라 있는 형상이다. 울릉도, 우릉도는 망망대해에 솟아 '오른 섬' 이 된다. 울타리, 울렁, 울컥, 울목 등은 모두 위를 나타내는 말이다. 울릉도는 '울+은+섬' 을 표기한 것이다. 울은섬→우른섬→울른섬→울릉섬→울릉섬→울릉도가 된다. 여기에서 올과 울이 같은 말로 쓰이고 있음을 알 수 있다.

다시 물개의 한자말인 올눌을 살펴보자. 올눌은 자음동화로 '올룰' 이라 읽힌다. 앞서 살펴보았듯이 올과 울은 같은 말이다. 따라서 올룰은 울룰이라고도 읽힌다. 울룰과 울릉은 발음이 상당히 닮아 있다. 음차자나 어근을 통해 유추해볼 때 같은 말이었을 가능성이 있다. 즉 올눌→울눌→울룰→울릉→울릉으로 읽힐 수 있다. 만약 이와 같은 추정이 어느 정도 성립한다면, 중국에서는 울릉을 올눌이라고 표현했다고 할 수 있다. 행여 같은 말이라면 울릉도는 물개섬이 된다. 중국에시 볼 때 물개 자체를 울릉(올눌)이라 표기할 만큼 물개가 많은 섬이었던 것이다.

## 물개와 사자, 울릉도 복속 후 수군 역량까지 강화

512년 6월, 신라는 우산국이 위치한 울릉도를 복속시켰다. 《삼국사기》에서는 당시 상황을 다음과 같이 전한다. "지증왕 13년 6월, 우산국이 귀부하여 해마다 토산물을 바치기로 했다. 우산국은 명주의 정동쪽으로 바다 속에 있는 섬이다. 혹은 울릉도라고 한다. 땅이 사방으로 100리인데 지형의 험함을 믿고 신라에 귀부하지 않았다. 이찬 이사부가 하슬라주 군주가 되어 생각했다. '우산국 사람은 어리석고 사나워 위세를 부려 굴복시키기는 어렵다. 계교를 써서 항복받을 수 있을 것이다.' 이에 나무로 사자 모형을 만들어 전선에 나누어 실었다. 우산국 해안에 이르러 속여 말했다. '너희들이 만일 항복하지 않으면 이 맹수를 풀어 밟아 죽이겠다.' 그들이 두려워하여 이내 항복했다."

무력으로는 우산국을 굴복시키기 어려워 계략을 썼다고 했다. 그 방법은 나무로 사자를 만들어 위협하는 것이었다. 아무리 맹수라지만 사자보다는 무장한 사람이 더 무섭다. 사람은 자신에게 해가 되지 않아도 의도적으로 사람을 죽일 수 있기 때문이다. 그런데 왜 우산국 사람들은 나무사자를 보고 항복하고 말았을까? 설화적 요소가 강하다는 점을 감안하더라도 선뜻 이해가 잘 되지 않는다.

《삼국유사》에도 거의 동일한 내용이 실려 있다. 다만 《삼국사기》에

《신증동국여지승람新增東國輿地勝覽》(1530) 첫머리에 수록된 조선전도인 〈팔도총도八道總圖〉. 현존하는 인쇄본 단독 지도로는 가장 오래된 것이다. 우측에 '우산도于山島'와 '울릉도鬱陵島'가 보인다. '우산도'는 독도의 옛 이름이다. 독도가 울릉도의 동쪽이 아닌 서쪽에 그려진 것은 당시 본토에서 울릉도에 갈 때 해류의 영향으로 독도에 먼저 도달하고 울릉도로 갔기 때문이라 추정하고 있다. 신라는 나무사자를 이용한 이사부의 계략으로 우산국을 굴복시키고 수군을 한 단계 성장시킨다.

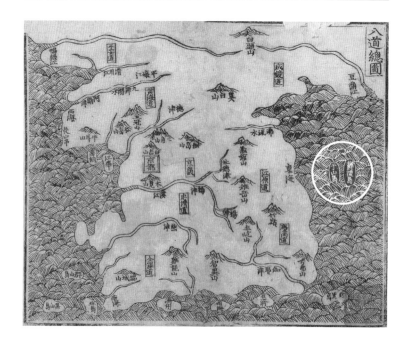

는 신라군이 타고 간 배를 전선戰船이라 표현했고, 《삼국유사》는 대함大艦이라고 서술했다. 신라군이 사용한 전선이 큰 싸움배였음을 짐작할 수 있다. 우산국을 위협하기 위해 나무사자도 아주 크게 만들었을 것이다. 새비있는 것은 낭시 신라에서 만들어지던 사자의 모양이 큰 덩치에 부리부리한 눈과 날카로운 이빨을 가지고 있긴 했지만 물개와 비슷했다는 점이다. 대부분의 사자는 네 발을 모두 펴고 서 있는 모습이 아니라 두 앞발은 세우고 두 뒷발은 구부려 앉아 엉덩이를 땅에 댄 형상이다. 신라 왕릉이나 사찰에서 발견되는 사자상을 떠올려보면 쉽게 알 수 있다. 물개가 앞지느러미를 세우고 등을 편 모습과 거의 비슷하다. 실제로 동해 물개는 바다사자의 일종이기도 하다.

신라군이 거대한 배를 몰고 나타나 거대한 사자를 풀어놓는다고 했다. 울릉도 사람들은 사자를 본 적이 없다. 신라군이 싣고 온 사자가 그들에게는 큰 물개로 보였을 수도 있다. 혹시 울릉도 사람들은 이런 생각을 한 것이 아닐까? '처음 보는 거대한 물개들이 자신의 물개들을 모두 죽일지도 모른다.' 신라군이 타고 온 배도 위협적이었다. 하지만 그것보다 그들이 싣고 온 거대한 물개(?)가 자신들의 기반을 완전히 파괴할 것이라는 두려움이 더 크지 않았을까 싶다.

신라의 울릉도 복속이 지니는 의미는 아주 크다. 고대에는 주로 눈으로 육지를 확인하면서 항해를 했다. 가시거리 내에서 연안 항해를 했던 것이다. 눈으로 위치를 확인하면서 방향을 잡을 필요가 있어서였다. 혹시 모를 폭풍이나 해적 등에 대비하여 바로 육지로 돌아가기 위함이기도 했다. 그런데 울릉도는 동해안의 가시거리에서 벗어난 위치에 있다. 전라남도 완도에서 제주도까지의 거리는 채 100킬로미터가 되지 않는다. 그런데 강원도 삼척에서 울릉도까지 거리는 120킬로미터가 넘는다. 신라의 울릉도 복속은 이전의 연안 항해에서 벗어나

경주시 구황동에는 분황사가 위치하고 있다. 분황사 인근에는 황룡사
터가 자리하고 있다. 분황사는 634년 선덕여왕 시기에 건립되었으며,
벽돌 모양으로 돌을 깎아 만든 모전석탑模塼石塔이 남아 있다. 모전석
탑의 네 귀퉁이에는 사자상이 놓여 있는데, 모두 앞다리는 펴고 뒷다
리는 접어 앉은 자세다.

상거리 원양 항해까지 가능해졌음을 의미한다.

　이후 신라는 가야 지역 공격에 수군을 적극 활용했던 것으로 보인다. 신라는 울릉도 세력과 협조하면서 수군을 한 단계 성장시켰던 것이다. 삼국이 통일되는 7세기에는 신라 수군의 역량이 본궤도에 오르게 된다. 백제 멸망 시(660)에는 신라 수군 100척이 당의 수군과 연합 작전을 펴기도 했고, 나당전쟁 시(669~676)에는 신라 수군이 당의 수군을 적극적으로 공격하기도 했다. 이처럼 수군의 성장은 신라가 살아남는 데 큰 몫을 담당하게 된다.

# 6

## 群鷄一鶴

●

닭 무리 속의 한 마리 학

# 화랑 반굴과 관창,
# 신라의 디딤돌이 되다

## 아진함 부자, 섶을 지고 불에 뛰어들다

섶을 지고 불에 뛰어든다. 불은 섶에 옮겨 붙는다. 섶을 태우고는 다시 사람에게 옮겨 붙는다. 당연한 결과다. 어리석은 행동을 할 때 '섶을 지고 불에 뛰어든다'는 말을 쓴다. 하지만 이를 잘 알면서도 불에 뛰어든다면, 그것은 무슨 행동일까?

672년 신라군은 황해도 석문石門에서 당군과 마주했다. 신라군이 진영을 미처 갖추지 못한 상태에서 당군이 밀려왔다. 치명적인 패배였다. 이 석문전투로 신라의 장수 7명이 사망하고, 당군의 추격까지 받는 상황으로 몰렸다. 신라군은 무이령無夷嶺까지 간신히 달아났다. 하지만 당군에게 꼬리를 잡혔다.

거열주의 대감大監 아진함이 최고사령관에게 외쳤다. "장군님, 어서 빨리 피하십시오. 제 나이 이미 일흔이니 얼마나 더 살 수 있겠습니까? 지금이야말로 제가 죽을 때입니다." 아진함은 창을 부여잡고 당군 속으로 뛰어들었다. 이를 본 아진함의 아들도 아버지를 따라 적진으로 달려갔다. '섶을 지고 불에 뛰어든' 격이었다. 결국 이들의 희생을 바탕으로 신라군 지휘부는 무사히 경주로 돌아올 수 있었다.

당시 아진함의 나이는 70살이었다. 아들은 대략 40살 전후였으리라. 그렇다면 아진함의 손자도 있었을 것이다. 이들의 죽음은 신라군 전체 입장에서 볼 때는 아주 영광스러운 일이었다. 하지만 할아버지와 아버지를 동시에 잃은 손자의 입장에서는 이처럼 가혹한 일도 없었다.

## 노블레스 오블리주의 전형, 반굴과 관창

660년 신라의 김유신과 백제의 계백이 황산벌에서 맞붙었다. 잘 알려진 것처럼, 신라군 5만 명과 백제군 5,000명의 대결이었다. 신라군에 비해 소수였음에도 백제군은 비장했다. 몇 차례 진행된 신라군의 공격은 여의치 않았다.

김유신은 부대를 세 개로 나누어 네 차례 공격을 감행했으나 모두 실패하고 말았다. 계백이 지형을 활용하여 방어 진영을 잘 편성했기 때문이다. 다수가 소수를 쉽게 이기지 못할 경우 급속한 내부 붕괴가 벌어지기도 한다. 신라군 지휘부도 이를 걱정했다. 더 이상 시간을 끌

660년 신라군 5만 명은 탄현을 지나 황산벌로 향했고, 당군 13만 명은 서해를 건너와 기벌포로 상륙했다. 신라군은 황산벌에서 계백을 물리치고 백제의 수도인 사비(부여) 남쪽으로 진출했다. 당군은 금강 수로를 타고 사비로 거슬러 올라왔다. 결국 나당연합군에 의해 백제는 멸망했고, 그곳에 당의 웅진도독부가 들어섰다.

* 출처: 구글어스 위성지도.

〈그림 6-1〉

**나당연합군의 백제 공격**

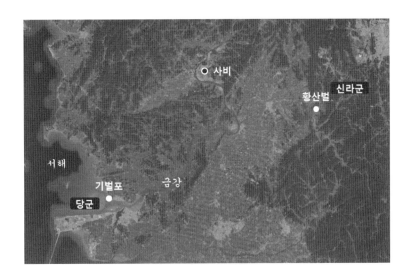

다가는 5만 대군의 사기 저하를 불러올 수 있다. 그것이 패배로 이어질 수도 있다. 신라군 지휘부는 초조해지기 시작했다. 이 때 신라의 장군 흠순이 아들 반굴에게 말했다. "신하 노릇을 하자면 충忠만 한 것이 없고, 자식 노릇을 하려면 효孝만 한 것이 없다. 위태로움을 보고 목숨을 바치면, 충과 효 모두 완전히 할 수 있을 것이다." 반굴은 주저

없이 "그리하겠습니다"라고 답하고는 적진으로 뛰어들어 힘써 싸우다가 죽고 말았다.

이에 질세라 좌장군 품일이 아들 관창을 불렀다. 품일은 관창을 말 앞에 세워두고 일부러 여러 장수들에게 관창을 내보이며 외쳤다. "너는 겨우 16살에 불과하지만, 뜻하는 바는 자못 용맹하다. 오늘 전투에서 능히 삼군三軍의 모범이 되겠느냐?" 관창 또한 "그리하겠습니다"라고 답한 후 적진으로 뛰어들었다. 그러나 곧 백제군에게 사로잡혔다. 계백은 관창이 약관임을 확인하고는 차마 죽이지 못하고 돌려보냈다. 되돌아 온 관창은 "제가 적진에 들어가 장수의 목을 베지 못하고 적의 깃발도 빼앗아 오지 못한 것은 죽음을 두려워한 것이 아니겠습니까?"라고 아버지에게 말했다. 품일은 묵묵히 관창을 지켜볼 뿐이었다. 관창의 목소리는 미세하게 떨리고 있었고, 품일의 눈동자도 초점 없이 흔들리고 있었다. 말을 마친 관창은 손으로 우물물을 떠 마신 후 다시 적진으로 뛰어들었고, 결국 백제군에게 죽임을 당했다. 목이 베인 관창은 말안장에 묶여 신라군 진영으로 되돌아 왔다. 품일은 관창의 머리를 부여잡고 흐르는 피에 옷깃을 적시며 울부짖었다. "우리 아이의 얼굴이 살아 있을 때와 똑같구나. …… 나라를 위해 능히 죽었으니 참으로 다행이다!" 이를 지켜본 신라군은 모두 죽기를 각오했다. 일제히 북을 울리고 고함을 지르며 진격했다. 이에 백제군은 크게 패했다.

사회 지도층의 도덕적 의무, 특히 전쟁과 같은 어려운 상황에서 솔선수범하는 태도를 노블레스 오블리주Noblesse Oblige라고 한다. 아군

《동국신속삼강행실도東國新續三綱行實圖》는 1617년(광해군 9) 왕명을 받고 홍문관부제학 이성李惺 등이 편찬한 책이다. 임진왜란 발발 후 민심을 격려하려는 의도에서 만들어졌다. 효자·충신·열녀 등 귀감이 될 만한 1,000여 명의 행적을 수록했다. 각 사람마다 한 장의 그림을 넣고 한문 다음에 국문언해를 붙였다. 관창의 용맹과 충절도 널리 본받을 만하다 하여 포함되었다.

의 떨어진 사기를 끌어올리고 전투를 승리로 이끌기 위해 죽음을 각오한 채 적진으로 달려간 반굴과 관창은 황산벌전투를 신라의 승리로 이끌었다. 그야말로 노블레스 오블리주다.

하지만 차분히 상황을 되짚어볼 필요가 있다. 흠순의 아들 반굴과 품일의 아들 관창은 모두 스스로 자원한 것이 아니라, 아버지들의 부름에 부응한 것이다. 관창의 사례에서 보듯 이들도 죽음을 두려워하고 있었다. 물론 아버지도 아들의 죽음에 마음이 아프지 않을 수 없었을 것이다. 자식을 먼저 보낸 아버지가 삶에 어떠한 미련이 있을까?

그럼에도 신라군 지휘부는 의도적인 상황을 연출했다. 사기가 저하된 신라군을 위해서였다. 가장 극적인 순간을 연출하기 위해 지휘관들이 사랑하는 자신의 아들들을 희생시켰던 것이다. 이들이 단독 출전했는지는 단정하기 어렵지만 적극적으로 전투에 참여한 사실은 분명하다. 희생된 화랑은 지금으로 보면 미성년자에 불과하다. 신라가 얼마나 전쟁 중심 사회였는지를 잘 보여주는 대목이다.

## 화랑과 죽음, 신라를 떠받치다

신라군의 용기를 이끌어낸 반굴과 관창은 화랑이었다. 흔히 화랑 하면 신라의 아름다운 청년 집단을 떠올린다. 화랑이 인재 양성의 요람 역할을 하고, 군사적으로 삼국통일에 크게 기여한 것은 틀림없는 사실이다. 《삼국사기》에서는 화랑을 다음과 같이 기록하고 있다. "귀족의 자제들 가운데 아름다운 자를 선발하여 곱게 단장하고[粉粧飾之] 이름하여 화랑花郎이라 했다." 이들은 기본적으로 밭이나 논에서 일하지 않는 귀족의 자제였다. 검게 그을리지 않은 곱상한 얼굴이었을 텐데 평상시에는 분장粉粧하얗게 화장함까지 하고 다녔으니, 이목을 집중시키기에는 충분했다.

전쟁 시에는 일부러 자신과 가문의 존재를 드러내기 위해 더 화려하게 치장했을 가능성도 있다. 전쟁에 참여해서 전공을 세우는 것을 특권의 하나로 여겼기 때문이다. 하지만 지금의 관점에서 보면 화랑의 치장은 위험을 자초하는 행위다. 현대의 군인들은 전쟁 시에 얼굴 광택을 없애고 위장크림을 바른다. 검은색 기본에 갈색이나 흰색 등을 추가한 얼룩무늬로 주변 환경과 비슷하게 꾸미고 본얼굴을 가린다. 적의 눈에 띄지 않기 위해서다. 반면 신라의 화랑은 하얗게 화장을 함으로써 적의 시선을 자신에게 집중시킨다. 게다가 적들도 이들이 신라 귀족의 자제라는 사실을 안다. 이 때문에 화랑은 전쟁 시 적군에게 좋은 표적이 되기도 했다.

화랑은 세속오계世俗五戒를 자신들의 계율로 삼았다. 세속오계는 화랑오계라고도 하는데, 원광법사가 화랑들에게 가르친 것이다. 바로 사군이충事君以忠, 사친이효事親以孝, 교우이신交友以信, 임전무퇴臨戰無退, 살생유택殺生有擇이다. 군주를 섬길 때는 충으로, 부모를 섬길 때는 효로, 친구를 사귈 때는 믿음으로 하라는 뜻이다. 싸움에 나설 때는 후퇴하지 말며, 살생을 할 때는 구분해서 행하라는 뜻이다.

이 가운데 주목할 계율은 임전무퇴다. 병사들이 죽음을 두려워하지 않고 적극적으로 싸움에 임하는 것은 승리의 기본 요소다. 하지만 절

임신년에 신라의 청소년 두 명이 나라가 어지러우면 충성을 행하겠다고 맹세한 내용을 기록한 비석이다. 비석의 오른쪽 상단에 임신壬申이라는 글자가 확인된다. 임신년은 대체로 6~7세기로 추정되고 있는데, 신라의 영토가 비약적으로 확장되거나 삼국이 통일되던 무렵이다. 이 비석은 일제 강점기 경주시 현곡면에서 발견된 것으로 높이는 약 30센티미터에 달한다. 현재 국립경주박물관에서 소장하고 있다.

대적인 것은 아니다. 싸움이 불리할 경우에는 후퇴하여 전열을 가다듬고 추후 전투에 대비할 필요가 있다. 그러나 화랑에게는 이러한 후퇴가 용납되지 않았고 부끄러운 일로 여겨졌다.

신라에 불교가 들어오면서 화랑에게 강조된 것이 또 하나 있다. 윤회설輪回說이다. 나라와 부모를 위해 충과 효를 다했을 경우 다음 생에는 좋은 존재로 다시 태어난다는 믿음이다. 임전무퇴의 정신과 불교의 윤회설이 결합되면서 화랑의 죽음은 아름다운 것이 되었다. 신라의 경우 아버지와 아들이 함께 전쟁에 나가는 부자 출전의 사례가 많다. 아버지는 아늘에게 부끄럽지 않아야 하고, 아들은 아버지에게 누를 끼치지 않아야 한다. 서로에게 부담을 주지 않기 위해 죽음도 기꺼이 받아들여야 하는 구조적 장치가 마련되어 있었다. 이러한 사회 분위기 속에서 화랑의 죽음은 점차 자연스러운 현상이 되었는지도 모른다.

화랑은 국가와 부모를 위해 충효를 다하고 전장에서 후퇴하지 않도록 교육받았다. 아버지 앞에서 부끄러운 아들이고 싶지 않다는 생각. 곱게 단장한 미성년 화랑은 다음 생을 기약하며 기꺼이 죽음을 선택했다. 신라는 이들 화랑의 죽음을 디딤돌 삼아 나라의 명운을 건 여러 전투에서 승리하게 된다.

7

紅顔少年

아름다운 얼굴을 한 소년

# 신라의 청소년 집단 화랑,
# 삼국통일의 주역으로

## 스파르타 교육, 강한 전사 기르기

입시, 고시, 공무원 등 각종 시험에 대비하는 학원에서 흔히 볼 수 있는 용어 중 하나로 '스파르타 교육'이 있다. 스파르타 교육은 아고게 agoge라고 한다. 고대 그리스의 도시국가였던 스파르타에서 국가가 주도하는 엄격한 교육체계를 의미한다. 아고게는 일종의 군사학교였다. 아고게에 들어가면 학년과 학급으로 구분되었다. 각 반으로 편성되었고, 반에는 같은 나이의 학생이 반장으로 임명되었다. 같은 연령 전체를 대표하는 장長 또한 임명되었다. 이들의 훈육은 국가 원로원에서 임명한, 지식과 경험이 풍부한 귀족들이 담당했다.

이들의 교육은 대략 7살부터 시작되었다. 합숙을 통해 기본적인 생활을 배우고, 14살이 되면 본격적인 교육과 훈련에 참가하게 된다. 20살이 될 때까지 엄격한 단체생활을 지속했다. 이 시기에는 여러 가지 제한 사항이 많았다. 음식량은 줄여야 했고, 입을 수 있는 옷은 하나만 허용되었다. 성인의 질문에는 답변만 하도록 침묵을 강요당했으며, 말대답은 허용되지 않았다. 심지어 주머니에 손을 넣고 걸을 수도 없었다. 시선은 정면이 아닌 자신의 발을 향하도록 교육받았다.

이들은 억압받고 춥고 배가 고팠다. 부족한 식사량을 보충하기 위해 음식을 훔치는 것도 훈련의 하나로 여겨졌다. 다만 붙잡혀서는 곤란했다. 음식 주인에게 죽지 않을 만큼 맞을 테니까. 스파르타의 젊은 이들은 아고게의 엄격한 단체생활을 거치면서 성인으로 자라났다. 이들은 30살이 되어서야 시민권을 획득하고 가정을 꾸릴 수 있었다. 아고게의 목적은 복종, 인내, 경쟁, 협동 정신을 배양하고 체력을 기르는 것이었다. 애국심과 체력이 강한 스파르타 전사를 만들기 위해서였다. 스파르타는 왜 이렇게 강한 전사를 요구했던 것일까?

스파르타인들이 스파르타 지역으로 이주해 올 때 그곳에는 이미 선주민들이 살고 있었다. 이들은 스파르타인에게 패하여 헬로트Helots 그리스어로는 헤일로타이Heilotai라 불리는 노예로 전락했다. 스파르타가 정복하는 지역이 넓어짐에 따라 헬로트도 많아졌다. 헬로트들은 스파르타에 지속적으로 착취당하는, 스파르타의 든든한 경제적 기반이었다. 스파르타의 착취는 스파르타인보다 월등히 많았던 헬로트들이 기회가 되면 반란을 일으키도록 만든 원인이었다. 스파르타가 성장하면 할수록 헬로트의 반란 가능성은 높아만 갔다. 이들을 회유하기 위해 헬로트의 일부를 스파르타 군대로 편입시키기도 했지만 한계가 있었다. 소수의 병력으로 다수의 적을 제압할 수 있는 군사능력이 필요했다. 스파르타가 아고게를 통해 강한 전사 기르기에 집중했던 이유다.

고대 그리스의 철학자 아리스토텔레스는 《정치학*Politica*》에서 스파르타를 다음과 같이 평했다. "스파르타가 다른 폴리스보다 우월했던 이유는 젊은이에게 체육 훈련을 시켰기 때문이다. 다른 폴리스에서도 그와 같은 훈련을 시작하자, 스파르타의 장점과 우월성은 급속히 사라졌다."

## 화랑, 신라의 청소년 집단

화랑은 신라의 청소년 집단으로 군사적 성격이 강했다. 신라의 영토가 비약적으로 확장된 진흥왕 시기(534~576)에 제도적으로 정비되었다. 이전부터 존재해오던 것을 진흥왕이 공식화한 것이다. 기록에 따르면 원래 화랑은 남자가 아니라 여자에서 기원했다고 한다. 《삼국사기》에는 진흥왕이 처음에 원화源花를 받들게 했다고 전한다. 남모南毛와 준정俊貞이라는 두 여자를 뽑고 300여 명의 무리를 거느리게 했다. 하지만 두 여자는 서로를 질투했고, 결국 준정이 남모를 살해해버렸다. 이후 여자가 아니라 귀족의 자제 중 아름다운 남자를 뽑아 화랑으로 했다.

화랑도花郞徒는 우두머리가 되는 화랑과 그를 따르는 낭도郞徒로 이루어져 있다. 보통 모임을 이끄는 화랑은 3~4명이었으며, 이를 따르는 낭도는 수백 명이었다. 낭도들은 신분에 따라 화랑을 선택하는 기준이 달랐다. 귀족은 화랑이 추구하는 이상을 좇는 경우가 많았고, 평민은 앞으로 출세 가능성이 있는 화랑을 선택하는 경향을 보였다.

화랑도에는 승려들도 포함되어 있었다. 이들은 불교 신앙을 퍼뜨리기 위해 자발적으로 참여했다. 낭도들과 어울려 지내면서 그들이 자연스럽게 불교를 접하도록 하려는 목적에서였다. 무리를 이끄는 화랑은 명망 있는 승려들을 초빙하여 낭도들의 교육에 힘쓰기도 했다. 다른 화랑도와의 차별화를 위한 노력의 일환이었다.

진흥왕 시기에는 화랑들이 주로 지원병의 형태로 전쟁에 참가했다. 하지만 전쟁 환경이 크게 변화한 진평왕 시기(579~632) 이후부터는 정규군 내로 편제되는 경우가 많아졌다. 제도적인 종군이 가능해지면서 화랑도는 청소년 결사체의 성격에서 벗어나 예비 전사단의 성격을 띠게 되었다. 진평왕 시기에는 국왕이 화랑도의 운영에 깊이 관여하는 등 국왕에 대한 화랑도의 귀속 정도가 강해졌다. 이후 화랑도는 삼국통일 과정에서 적극적으로 활약하여 역사 기록에 남게 되었다.

## 군사적 관점에서 본 화랑의 여행

《삼국사기》에는 화랑들이 "서로 도의道義를 연마하고, 서로 가락歌樂을 즐기며, 산수山水를 찾아 멀리 이르지 않는 곳이 없었다"라고 기록되어 있다. 화랑들이 도리와 의리를 익히고, 시와 음악을 즐기고, 유명한 산과 큰 강을 찾아다니면서 유람했다는 것이다. 도의라는 수련 화랑이 주로 찾은 여행지 중 하나인 소백산맥小白山脈은 우리나라 동해안을 따라 내려오는 태백산맥太白山脈에서 갈라져 나온 작은 산맥이라 하여 붙은 이름이다. 소백산맥의 가장 높은 봉우리는 남쪽의 지리산으로 해발 1,915미터다. 소백산맥은 경상도와 전라도·충청도·강원도의 자연적 경계다.

* 출처: 구글어스 위성지도.

〈그림 7-1〉

**화랑의 여행지**

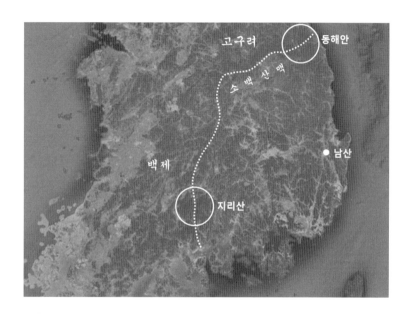

의 덕목, 가락이라는 수련의 도구, 여행이라는 수련의 방식이 포괄적으로 담겨 있는 서술이다.

화랑도의 행위들을 군사적 관점에서 살펴보자. 도의에는 계율을 비롯한 군법軍法이 포함되어 있었을 것이다. 가락에는 신호체계를 비롯한 군가軍歌도 포함되었을 것이다. 화랑도의 장거리 여행은 일종의 장거리 행군行軍이었다. 화랑도는 이 과정에서 행군 대형을 유지하는 방법, 서로 신호를 주고받는 방법, 물건을 운반하는 방법, 사냥을 하는 방법, 식사를 하는 방법, 천막을 치는 방법 등을 배울 수 있었다. 즉 화랑도의 장거리 여행은 가장 효과적인 군사훈련이었다.

화랑도가 여행한 곳은 강원도 동해안 일대, 지리산 일원, 왕경 근교의 남산 등이었다. 삼국이 통일되기 전 북쪽의 강원도 일대는 고구려와 경계를 맞대고 있는 곳이었다. 지리산 일원은 백제와 국경을 이루는 곳이었다. 경주의 남산은 수도 방어의 핵심 지역으로 기능하던 장소다. 이외에 주요 전적지도 답사했을 것이다. 화랑도는 여행 과정에서 군사훈련을 시행하고, 호국정신과 애국심을 길렀다. 변경 지역을 여행하면서 적의 동향을 탐지하고, 교통로를 개척하기도 했다. 지방의 상황을 파악하고 민심을 수습하는 역할도 담당했던 것으로 보인다.

힘든 행군을 장기간 지속하게 되면 개개인의 성향을 쉽게 파악할 수 있다. 누가 리더의 자질이 있는지, 누가 어떤 특기를 가지고 있는지 등이 단체생활 여기저기서 드러난다. 수백 명이 함께하고 있기 때문에 평판이 좋은 자는 금세 알려지기 마련이다. 실제로 군대에서 힘든 행군을 해보면 요령을 피우는 병사, 꾀병을 호소하는 병사, 묵묵히 열심히 임무를 수행하는 병사 등이 쉽게 구분된다. 일반 회사에서 신입사원 연수 과정 중에 어려운 과제를 주고 이들을 평가하는 것과 비슷하다. 《삼국사기》에는 "그들 가운데 나쁘고 나쁘지 아니한 자를 알게 되어, 그 중 착한 자를 가려 조정朝廷에 추천했다"고 기록되어 있다. 화랑위는 남산南山을 동쪽에서 바라본 모습이다. 남산은 경주시 남쪽에 남북으로 길게 형성되어 있다. 높이는 466미터이며, 남북으로 약 8킬로미터, 동서로 약 4킬로미터다. 남산은 신라인들의 신앙의 대상이자 방어거점이기도 했다. 남산의 동쪽 자락에는 1973년에 설립된 화랑교육원이 자리하고 있다(아래).

<그림 7-2>
**경주 남산과 화랑교육원**

도의 여행이 인재 추천의 한 방법이었던 것이다. 이렇게 추려 뽑은 화랑들은 훗날 신라의 삼국통일 과정에서 일익을 담당하게 된다.

# 8

常賜書爲含部宣德王設爲司勳曁昝王後
次大正一人真平三四十六年豐景德王改爲正
後復攝大正恒自殿淪至阿淪爲之位一人位

# 爲國忠節

• 나라를 위한 충성스러운 절개

# 나라를 위한
# 희생에 보답하다

## 국가보훈처와 상사서, '나라를 위한 헌신' 의 뜻

6월은 호국보훈의 달이다. 6월 6일에는 현충일이 있고, 6월 25일은 한국전쟁이 일어난 날이다. 국가보훈처에서는 이를 기리기 위해 6월을 호국보훈의 달로 지정했다. "나라를 위해 헌신한 보훈가족 여러분들을 섬기겠습니다." 국가보훈처의 모토다. 국가보훈처는 국가유공자와 보훈가족의 삶이 유지·보장되도록 노력한다. 보상금 지급, 교육, 취업, 의료, 대부 등의 보훈정책을 수립하여 지원한다. 그리고 독립, 호국, 민주화 관련 기념 추모 행사를 시행한다.

  신라에도 국가보훈처와 유사한 기관이 있었다. 상을 주는 관청이라는 의미의 상사서賞賜署다. 상사서를 담당하는 장관이 624년에 임명된 것으로 보아, 이 시기를 전후하여 설치되었던 것 같다. 처음에는 품주稟主에 소속되었다. 품주는 집사부執事部와 창부倉部의 전신으로 국가 행정과 재정을 담당했다. 이후 창부가 새롭게 생기면서 상사서는 창부 산하로 소속이 바뀌었다. 경덕왕 시기(742~765)에 사훈감司勳監으로 명칭이 변경되었다가, 혜공왕 시기(765~780)에 다시 상사서로 환원되었다.

'상을[賞] 주는[賜] 관청[署]'이라는 명칭에서도 확인할 수 있는 것처럼 상사서는 나라에 공을 세운 자나 그 후손에게 포상을 실시했다. 상사서가 국가 재정을 관리하는 창부 소속이었던 점에서 보면 포상은 경제적 지원이 큰 부분을 차지했으리라 추측된다. 그렇다면 신라시대에는 국가유공자에 대한 처우가 어떠했을까?

## 해론과 소나, 대대로 충성과 의리를 이루다

찬덕은 진평왕 시기에 가잠성 현령이 되었다. 현령이 된 이듬해에 백제가 군사를 크게 일으켜 가잠성을 공격해 왔다. 백제의 공격으로 가잠성은 식량이 떨어지고 마실 물조차 부족해졌다. 시체를 뜯어먹고 소변을 받아 마시며 힘껏 싸웠다고 기록되어 있다. 성이 곧 함락되려 하자 찬덕은 하늘을 우러러 크게 외쳤다. "우리 임금님이 나에게 한 성城을 맡겼는데, 능히 지키지 못하고 적에게 패하게 되었다. 죽어서라도 큰 악귀가 되어 백제 사람들을 다 물어 죽이고 이 성을 수복하겠다!" 찬덕이 눈을 부릅뜨고 달려 나가 적과 맞서 싸우다 죽었다. 결국 성은 함락되고 군사들은 모두 항복했다.

신라 시대 관리들의 상훈賞勳에 관한 사무를 관장하던 관청.《삼국사기》에서는 상사
서賞賜署에 대해 다음과 같이 설명하고 있다. "상사서는 창부에 속했는데, 경덕왕이
사훈감으로 고쳤고, 혜공왕이 다시 이전대로 했다. 대정은 1인이니, 진평왕 46년에
두었고 경덕왕이 정으로 고쳤다가 뒤에 다시 대정으로 칭했는데, 관등은 급찬에서
아찬까지로 했다. 좌는 1인이니, 관등은 대내마에서 급찬까지로 했고, 대사는 2인이
니, 진덕왕 5년에 두었는데 경덕왕이 주서로 고치고 혜공왕이 다시 대사로 칭했으며,
관등은 사지에서 내마까지로 했다. 사는 6인인데, 문무왕 20년에 2인을 더하고 애장
왕 6년에 2인을 감했다."《삼국사기》권38,〈잡지〉7 직관 상.

진평왕은 다시 가잠성을 수복하고자 했다. 찬덕의 아들 해론은 한
산주도독 변품과 함께 군사를 일으켜 백제가 점령한 가잠성을 공격했

다. 백제의 군사가 반격해 오자 해론은 여러 장수들에게 외쳤다. "전에 우리 아버지가 여기서 세상을 떠났소. 나도 지금 백제 사람과 여기서 싸우게 되었으니, 오늘이 내가 죽는 날이오!" 해론은 칼을 부여잡고 적진으로 뛰어들었다. 백제군 여럿을 죽이고 자신도 죽었다. 왕이 이를 듣고 눈물을 흘리며 가족들에게 후하게 보상해주었다. 당시 사람 가운데 애도하지 않는 이가 없었다. 그를 위해 노래를 지어 위로하는 이까지 있었다.

심나는 선덕여왕 시기(632~647)에 백제와의 전투에 참가했다. 신라의 패배로 신라 군사가 어지러이 퇴각하게 되었다. 심나는 홀로 칼을 빼들고 성난 눈으로 크게 소리치며 백제의 군사 수십여 명을 베어 죽였다. 적이 감히 두려워 당하지 못하고 군사를 거두어 달아나버렸다. 백제인이 심나를 가리켜 "신라의 비장飛將이다"라고 했다. 심나는 백제인에게 날아다니는 것처럼 날쌘 장수로 각인되었다.

심나는 소나의 아들이다. 소나는 문무왕 시기(661~681)에 아달성의 성주로 임명되어 북쪽 변방을 수비했다. 675년 말갈군이 아달성을 공격해 왔다. 이 때 신라의 장정들은 모두 밭에 나가 마麻를 심고 있었기 때문에, 성 안의 노약자와 어린아이들이 낭패를 당했다. 소나가 칼을 휘두르며 적을 향해 크게 외쳤다. "너희들은 신라에 심나의 아들 소나가 있는 줄을 아느냐? 나는 원래 죽기를 두려워하여 살기를 도모하지 않는다. 싸우고 싶은 자가 있으면 왜 나오지 않느냐!" 크게 분노하며 적에게 돌진했다. 적이 감히 다가오지 못하고 활만 쐈다. 소나도 활을 쐈다. 오전부터 시작된 싸움은 오후까지 이어졌고, 소나의 몸에는 화

675년 당군은 먼저 수군을 동원하여 천성(경기 파주)을 공격했다. 이어 매소성 일대에 주둔하고 있던 당군이 칠중성(경기 적성)을 비롯하여 아달성(경기 이천), 적목성(강원 회양), 도림성(강원 통천) 등을 공격했다. 나당전쟁에는 당군 외에 말갈족과 거란족이 동원되었는데, 아달성전투에서는 말갈군이 주력이었다.

\* 출처: 구글어스 위성지도.

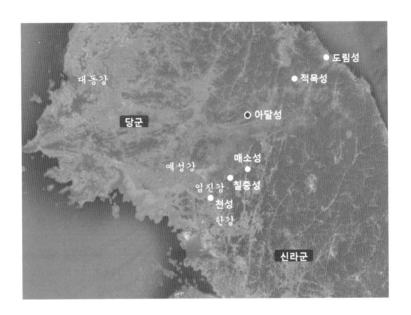

살이 고슴도치처럼 꽂혔다. 결국 소나는 쓰러져 죽고 말았다. 왕이 소식을 듣고 눈물을 흘리며 말했다. "부자가 함께 나라의 일에 용감했으니, 대대로 충성과 의리를 이루었구나." 소나를 신라 17관등 가운데 3번째인 잡찬迊湌으로 추증했다.

## 취도 삼형제와 영윤, 연이은 죽음에 대한 국가의 보상

경주 6부의 하나인 사량부沙梁部 출신인 취복에게는 3형제가 있었다. 첫째가 부과, 둘째가 취도, 셋째가 핍실이었다. 둘째 취도는 일찍이 출가하여 승려가 되었다. 하지만 태종무열왕 시기(654~661) 백제가 신라를 공격해 오자 스스로 지원하여 군인이 되었다. 취도는 삼천당三千幢이라는 부대에 배속되어, 군대를 따라 적지로 나아갔다. 전투가 시작되자 창과 검을 가지고 적진으로 돌진했다. 힘껏 싸워 여러 명을 죽이고 자신도 죽었다.

671년 가림성전투가 발생했다. 당시 신라는 당의 웅진도독부가 설치된 옛 백제 영토를 공격하고 있었다. 신라군은 가림성 앞의 벼를 밟으면서 웅진도독부의 군사들을 자극했다. 결국 신라군과 웅진도독부의 군사는 가림성 앞에서 크게 싸웠다. 신라가 승리했다. 하지만 이 전투에서 취도의 형이었던 부과가 전사하고 말았다. 전공을 따져보니 부과가 일등이었다.

684년 보덕성에서 반란이 일어났다. 이를 진압하기 위한 신라군이 편성되었다. 이 때 취도의 동생 핍실도 전투에 참가하게 되었다. 핍실은 떠나기 전 아내에게 다음과 같이 말했다. "우리 두 형이 이미 나라의 일로 죽었지만 그 이름이 없어지지 않고 전해지고 있소. 내가 비록 불초하지만 어찌 죽음을 두려워하여 구차하게 살기를 바라겠소. 살아서 떠나지만 끝내는 오늘 그대와 사별하게 될 것이니, 부디 잘 살면서 슬퍼하지 마시오." 핍실과 아내는 서로 마주보며 마음으로 울었다. 전부가 벌어지자 핍실은 홀로 나아가 힘껏 싸웠다. 수십 명을 목 베어 죽이고 자신도 죽었다. 왕이 소식을 듣고 눈물을 흘리며 탄식했다. "취도는 죽을 곳을 알고 형제들의 마음을 움직였다. 부과와 핍실 역시 의리에 용감하여 그 몸을 돌보지 않았구나. 장한 일이 아니냐." 삼형제 모두 17관등 가운데 8번째인 사찬沙飡으로 추증했다.

영윤은 반굴의 아들이다. 반굴은 황산벌전투에서 관창과 함께 사망한 인물이다. 영윤은 대대로 이름난 집안에서 성장하여, 명예와 절개가 있는 인물로 명성이 자자했다. 684년 보덕성에서 반란이 일어나자 신라군에 편성되어 참전했다. 영윤이 떠날 때 여러 사람에게 이르기를 "내가 이번에 가서 가문과 동료들로 하여금 악명惡名을 듣지 않게 하겠소"라고 했다. 드디어 적과 대치하게 되었다. 여러 장수들의 견해가 모아졌다. 공격을 잠시 늦추고 적이 지칠 때를 기다려 공격하자는 분위기가 우세했다. 이 때 영윤이 나섰다. "대장부가 일에 임하여 스스로 결정할 것이니, 어찌 여러 사람이 하자는 대로 따를까보냐." 적진으로 달려가 힘껏 싸우다가 죽었다. 왕이 이를 듣고 눈물을 흘렸다. "그 아버지가 없었다면 그 아들도 없을 것이다. 그의 뜻이 가상하다." 관직과 상을 더욱 후하게 주었다.

## 전사자의 보상체계

신라의 국왕은 직접 전사자를 언급하며 죽음을 애도함으로써, 남겨진 가족에게 명예를 주었다. 그리고 후손에게 관직을 제공하고 경제적으

〈그림 8-3〉

**신라의 철제 투구와
삼국통일순국무명용사비**

위는 이름 없는 병사가 썼던 투구다. 신라의 삼국통일은 몇몇의 영웅과 지휘관에 의해 달성된 것이 아니다. 역사에 기록되지 않은 수많은 병사들의 값진 희생 위에 이루어진 것이다. 경주시 남산동에 위치한 통일전統一殿에는 이들 무명용사를 기리는 비석이 세워져 있다(아래).

로 보상함으로써, 생활에 직접적인 도움을 주었다. 이러한 보상체계는 국민들에게 나라를 위해 목숨을 바치는 것이 충분히 가치 있는 일이라는 믿음을 가지도록 하는 데 크게 기여했다. 전사자들은 투철한 국가관을 가지고 있었고, 후퇴하지 않고 끝까지 싸웠다. 자신을 희생함으로써 부대의 사기를 끌어올렸다. 가족이나 형제들도 이들을 자랑스러워하면서 같은 길을 가고자 했다.

물론 전쟁에 참가하여 전공을 세우고 포상을 받는 것을 특권으로 볼 여지도 있다. 하지만 나라를 위해 자신의 목숨을 내놓는다는 것은 결코 쉬운 일이 아니다. 수시로 들려오는 고위층 자제의 병역 기피 소식에 많은 아쉬움이 남는 이유다.

# 9

## 過猶不及

정도가 지나친 것은 모자람만 못하다

# 신라, 광역방어체계로
# 삼국통일 기틀을 다지다

## "새우가 고래를 삼켜버렸다"

2002년 6월, 한일월드컵에서 우리나라가 사상 최초로 4강에 진출했
다. 나라 전체에 월드컵 열풍이 불었다. 붉은악마 티셔츠가 불티나게
팔렸고, 붉은 색 옷을 입은 시민들이 경기장과 길거리를 가득 메웠다.
"대~한민국"을 외치는 함성이 전국 어디에서나 들렸다. 한국대표팀
감독이었던 거스 히딩크는 국민의 영웅이었고, 우스갯소리로 대통령
후보 1순위라는 말까지 나왔다. 한마디로 2002년 6월은 월드컵의 시
기였다.

월드컵 열풍이 모든 이슈를 빨아들이고 있을 즈음, 대한생명보험사
의 매각이 결정되었다. 대한생명은 삼성생명·교보생명과 더불어 우

리나라 3대 생명보험사였다. 2002년 6월, 공적자금관리위원회는 대한생명 매각의 우선협상대상자로 한화컨소시엄을 선정했다. 한국화약주식회사에서 출발한 한화는 기업의 인수·합병M&A을 거듭하면서 크게 성장했다. 특히 대한생명 인수는 "새우가 고래를 삼켜버렸다"는 말이 나올 정도로 경제계의 이슈였다. 당시 한화는 자산 규모가 11조 원 정도였고, 대한생명의 자산 규모는 26조 원이 넘었기 때문이다.

대한생명 인수 과정에서 로비 의혹이 제기되기도 했고, 몇 년 전에는 오너의 보복폭행 사건이 언론에 오르내리기도 했다. 이러한 점들을 차치하고, 한화그룹의 역사 전체에서 한번 살펴보자. 대한생명의 누적손실액 2조원은 2008년에 모두 해소되었고, 2010년에는 주식시장에 상장되면서 자금 운용이 안정되었다. 이어 회사명을 대한생명에서 한화생명으로 바꾸었다. 현재 한화생명은 국내 2위의 생명보험사로서 한화그룹 전체 매출의 절반을 차지하고 있다. 대한생명 인수로 한화는 재계 서열 20위권에서 10위권으로 급성장할 수 있었다.

## 한강 유역의 확보, 새우가 고래를 삼킨 성공적인 예

신라의 한강 유역 확보 또한 '새우가 고래를 삼킨' 성공적인 예다. 550년을 전후하여 고구려, 백제, 신라의 다툼이 치열해졌다. 이 시기 한강 유역은 고구려가 차지하고 있었는데, 백제와 신라는 국력을 키워 호시탐탐 세력 확장을 노리고 있었다. 당시 고구려는 국내 정치가 혼란했고, 대외적으로는 북제와 돌궐의 압박이 심해지고 있었다. 이

틈을 타 백제와 신라가 연합하여 한강 유역으로 진출했다.

551년 백제는 경기도 일대인 한강 하류 지역을, 신라는 강원도 일대인 한강 상류 지역을 차지했다. 경기도에서 강원도까지 내려와 있던 고구려의 국경선을 그대로 위로 들어 올린 것이다. 고구려는 백제-신라 연합군의 북진에 제대로 대응하지 못했고, 이제 평양의 턱밑까지 밀고 올라온 백제를 경계해야만 했다. 고구려의 전성기였던 광개토대왕이나 장수왕 시기에는 상상도 할 수 없는 일들이었다.

553년이 되면 신라가 한강 유역 전체를 장악한다. 원래 한강 하류 지역은 백제 왕조의 출발지였다. 그런 곳을 백제가 너무 손쉽게 신라에게 내주고 말았던 것이다. 이를 두고 신라가 백제를 배신했다거나, 고구려와 신라가 몰래 손을 잡았기 때문이라고 평한다. 고구려 입장에서는 어차피 수복하기 어렵다면, 백제보다는 신라가 한강 유역을 장악하는 것이 더 좋다고 판단했을지도 모른다. 왜냐하면 신라는 예전부터 약했으니까. 신라가 한강 하류 지역을 차지할 때 백제와 직접 전투했다는 기록이 없어 백제가 이 지역을 일부러 포기했다고 보기도 한다.

어쨌든 한강 유역은 모조리 신라가 차지해버렸다. 신라가 한강 하류 지역을 빠르게 접수할 수 있었던 배경은 무엇일까? 551년 신라는 한강 상류를 장악하고 그곳에 군수물자를 비축하면서 기회를 노리고 있었다. 한강 하류에 대한 고구려의 적극적인 대응도 없고, 그렇다고 백제의 체계적인 정비도 이루어지지 않는 점을 지속적으로 관찰했다. 신라가 장악한 한강 상류는 보급 면에서 볼 때 오히려 하류보다 유리했다. 결국 신라는 한강 수로의 흐름을 타고 상류에서 하류로 빠르게

<그림 9-1>

**신라의
한강 장악**

신라가 한강 유역을 장악함으로써 소백산맥을 중심으로 하던 방어선은 이제 양분되었다. 고구려를 견제하기 위한 북방 방어선이 가로로 놓여졌다. 다음으로 백제의 국경을 따라 서방 방어선이 다시 설정되었다. 이후 고구려와 백제의 끊임없는 공격을 양쪽에서 막아내야만 했다. 신라는 끝까지 두 방어선을 지켜냈다. 백제의 공격으로 서쪽 국경이 위험해진 순간에도 끝내 한강 유역을 손에서 놓지 않았다.

\* 출처: 구글어스 위성지도.

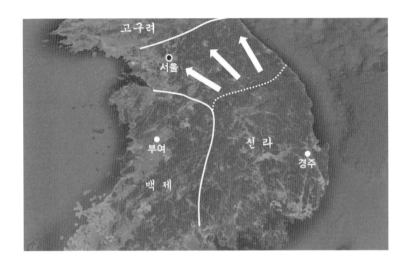

내려가면서 주변 지역을 장악해버렸다.

예부터 한강 하류는 정치·경제·문화적으로 한반도에서 중요한 곳이었다. 여기에서 성장한 백제가 먼저 화려하게 꽃을 피웠고, 이후 고구려가 차지하면서 전성기를 누렸다. 마지막으로 신라가 차지하게 되었다. 하지만 신라의 역량으로 볼 때 한강 유역은 뜨거운 감자였다.

신라가 한 단계 성장하기 위해서는 반드시 필요한 곳이었지만, 현실적으로 지키기가 상당히 어려웠다. 앞서 한강 유역은 고구려가 차지하고 있었기 때문에, 백제와 신라가 공동으로 대응할 수 있었다. 하지만 신라가 한강 유역을 장악함으로써 홀로 북쪽의 고구려, 서쪽의 백제를 모두 상대해야만 하는 상황에 빠져버렸다.

한강 하류 지역은 신라에서 당으로 갈 수 있는 가장 빠른 길이었고, 원신라 지역 외에 새롭게 병력 자원을 징발하여 편성할 수 있는 곳이기도 했다. 신라는 지독하리만큼 한강 유역을 고집했고, 결과적으로는 이를 바탕으로 삼국을 통일할 수 있었다. 과유불급이 될 수 있는 한강을 차지함으로써, 신라는 한 단계 도약했다. 새우가 고래를 삼킨 성공적인 사례였다.

## 지역방어와 광역방어, 신라 발전의 토대로 기능

신라는 경주 분지를 중심으로 발전했다. 주변 소국들과의 경쟁에서 살아남았고, 이후 백제·고구려와의 치열한 전쟁을 거치면서 영토를 확장할 수 있었다. 신라가 쉽게 무너지지 않았던 것은 방어체계가 잘 갖추어져 있었기 때문이다.

고대의 방어체계는 기본적으로 자연지형을 활용하고, 미비하거나 중요한 곳에는 성을 쌓아 보완하는 것이었다. 신라의 방어체계 토대는 5세기 후반 무렵에 대체적인 모습을 갖춘다. 5세기 이전은 신라가 주변 소국들을 정복해나가던 시기였다. 신라는 통합한 소국의 중심부에 신라와 고구려가 한강 유역을 놓고 다투던 시절에 신라가 쌓은 석축산성이다. 성산성, 산성으로 불리다가 1978년 성내에서 '적성비'가 발견된 후에 적성산성으로 불리기 시작했다. '단양신라적성비'(국보 제198호)로 명명된 적성비는 545~550년에 세워진 것으로 추정되며, 신개척지 유공자의 공훈을 새기고 충성을 다하는 자에게 포상을 약속하는 내용의 비문이 새겨져 있다. 신라는 적성산성을 거점성으로 삼아 초기 광역방어체계 구축에 활용한 것으로 보인다.

토성을 만들었다. 토성에는 신라 중앙에서 성주城主가 파견되었고, 그 지역의 수장층을 통해 간접적인 지배가 행해졌다. 신라의 진출은 대체로 교통로를 따라서 진행되었다. 하지만 각각의 토성은 독립적으로 존새했고, 토성들 산의 특별한 연계 관계는 없었던 것으로 보인다. 이러한 고립적인 체제에서는 체계적인 방어가 이루어지기 어려웠다.

5세기 후반에서 6세기 전반에는 경주와 교통이 편리한 전략적 요충지에 거점성을 축조했다. 이를 중심으로 주변 지역의 성들을 통합하여 지역 단위의 방어체계를 구축해나갔다. 특히 고구려의 공격이 예상되는 변경 지역과 요충지를 중심으로 산성을 축조하여 거점성으로 삼았다. 이러한 거점성은 군사와 행정이 통합된 기능을 했다. 주요 간선도로가 새롭게 만들어지고, 공문서와 파발을 보내는 우역郵驛 제도가 정비되면서 수도와 거점성 사이의 교통과 연락이 수월해졌다. 그리고 거점성과 거점성이 서로 연결되면서 초기의 광역방어체계가 나타나기 시작했다.

본격적인 광역방어체계는 고구려의 공격이 빈번했던 영동 지역에서 나타났다. 이 시기에는 거점성 간에도 상위의 주성州城과 하위의 군성郡城으로 역할 분배가 이루어졌다. 그러면서 지역방어체계가 광역방어체계로 전환되었다. 몇 개의 군성 뒤에 주성이 이를 떠받치는 형상이다. 단순히 한 지역을 방어하는 개념에서 좀 더 넓은 권역을 유기적으로 관리하는 시스템이 구축된 것이다.

광역방어체계는 6세기 후반에서 7세기 후반까지 신라의 영토가 확장되면서 비약적으로 성장했다. 전국적으로 광역방어체계가 형성되었고, 주군제가 전면적으로 실시되었다. 주성-군성-현성의 3단계로 방어축이 형성되었다. 가장 아랫단계의 현성들 뒤에 군성이 위치하며, 몇 개의 군성들 뒤에 주성이 위치하는 식이다. 문어를 상상해보면 신라의 영토를 비약적으로 확대시킨 진흥왕은 곳곳에 순수비를 세웠다. 한강 유역에 북한산비北漢山碑를 세우고, 동해안을 따라 북상하여 함경도에 마운령비磨雲嶺碑와 황초령비黃草嶺碑(진흥왕순수비眞興王巡狩碑)를 세웠다. 황초령비는 568년 함경남도 함흥 지역에 건립되었다. 탁본의 우측 하단에 진흥태왕眞興太王이라는 글자가 선명하게 보인다.

이해가 쉽다. 가장 끝부분에 여러 다리<sup>현성</sup>가 펼쳐져 있고, 몸통<sup>군성</sup>이 가운데를 받치고 있으며, 핵심적인 문어 머리<sup>주성</sup>는 가장 뒤에 있는 모습이다.

한강 유역에 설치된 한산주漢山州에 광역방어체계의 특징이 가장 잘 나타나 있다. 앞쪽에 둘레 300미터 이하의 보루나 둘레 500~1,000미터의 현성이 가로로 배치되어 1차 방어선을 만든다. 중간에는 둘레 1,000미터 내외의 군성이 지역 거점성으로 배치되어 2차 방어선을 형성한다. 마지막으로 군성과 비슷한 규모의 주성이 배치되어 3차 방어선을 완성한다. 이로써 방어체계는 종심으로 연결되었다. 한산주의 주성은 전진 배치되어 있다. 주성의 후방에는 국원소경<sup>충주</sup>이 위치하고 있어 군수지원을 담당했다. 이에 한산주는 수도 경주의 도움 없이 장기간 독자적으로 활동할 수 있었다. 새로 장악한 한산주를 방어하기 위해 상당한 독자성을 부여한 결과다. 이 같은 광역방어체계는 신라 발전의 증거이자 향후 신라 발전의 토대로 기능하게 된다.

# 10

爪牙之士

●

발톱과 어금니 같이 믿을 만한 신하

# 왕권의
# 점진적 강화

## 관산성전투와 백제 성왕의 죽음

551년 신라와 백제가 연합하여 한강 유역을 차지했다. 신라는 한강 상류를, 백제는 한강 하류를 장악했다. 하지만 553년에 신라가 한강 하류까지 모두 점령해버렸다. 신라는 점령한 한강 유역을 자신의 영토로 만들기 시작했다. 백제로서는 도저히 그냥 넘어갈 수 없는 상황이 벌어진 것이다. 이에 554년 대대적으로 군사를 동원해 충청북도 옥천의 관산성을 공격했다. 바로 관산성전투다.

　신라와 백제 모두 물러설 수 없는 대결이었다. 이 전투에서 이기는 승자가 한반도 남부의 주도권을 쥘 수 있었다. 초반 승기는 백제가 잡았다. 병력을 집중해서 운용한 덕분이었다. 반면 신라는 원신라 지역

외에 새로 장악한 한강 하류까지 방어해야 했기 때문에 병력이 부족할 수밖에 없었다. 신라는 분산된 병력을 관산성으로 집결시키기 시작했지만 백제군을 감당하기에는 역부족이었다. 이 때 결정적인 사건이 발생한다. 백제의 국왕인 성왕이 직접 전투 현장을 둘러보기 위해 관산성으로 향했던 것이다. 백제의 국왕이 호위병 50명만 거느린 채 관산성으로 다가왔다. 호위병이 적었던 이유는 백제가 이미 장악한 지역이었고, 야간에 이동했기 때문이라 추측된다.

백제 성왕의 이동 정보가 신라군에게 새어나갔다. 신라군은 성왕의 이동로 곳곳에 매복하고 기다렸다. 성왕의 무리가 나타나자 신라군은 맹렬히 공격했다. 결국 복병에 의해 성왕이 사망하고 말았다. 한 번 시작된 도미노는 도중에 멈추지 않는다. 전반적으로 우세를 보이던 백제군은 급속히 붕괴되기 시작했다. 나라의 상징인 국왕이 사망한 것도 문제지만, 이후 누가 왕위를 계승할 것인가도 중요한 사안이었다. 지도부의 분열은 참혹한 결과를 가져왔다. 《삼국사기》에 따르면, 백제의 좌평 4명과 병사 2만 9,600명이 전사했다고 한다. 백제군의 주력이라고 할 수 있는 3만 명이 한 번의 전투로 사라져버린 것이다. 국왕의 호위가 얼마나 중요한 일인지 잘 보여주는 대목이다.

관산성전투 승리로 신라의 한강 하류 장악은 더욱 공고해졌다. 최약체였던 신라가 한강 유역을 확보함으로써, 이제는 고구려나 백제와 대등하게 맞설 수 있게 되었다. 반면 백제는 다시 힘을 키우기 위한 시간이 필요했다. 백제 성왕의 사망은 백제에게는 재앙이었고 신라에게는 행운이었다.

# 군령권, 국왕의 직접 행사에서 간접 행사로

고대에는 군사통수권軍事統帥權이 대부분 국왕에게 귀속되어 있었다. 국왕은 수시로 열병閱兵을 하여 자신의 군사통수권을 대내외에 확인시켰다. 국왕의 군사에 대한 명령은 거의 절대적이다. 특히 전쟁이나 전투 시에 국왕의 명령은 제대로 시행되어야만 한다. 가장 효과적인 방법은 국왕이 직접 참전하는 것이다. 신라의 경우 5세기 이전에는 주로 국왕이 야전사령관이었다. 직접 전투에 참가해 직접 명령을 내렸다. 하지만 5세기 이후부터는 국왕이 직접 전투에 참가하는 사례가 확연히 줄어든다. 그 대신 자신을 대행할 수 인물에게 권한을 위임하여 간접적으로 명령을 행사하는 경우가 많아졌다.

평상시에는 병부兵部의 장관인 병부령兵部令이 군대를 관리했다. 지금으로 보면 국방부와 국방부장관에 해당한다. 병부령은 병부의 수장으로서 군 관리에 상당한 영향력을 행사했다. 하지만 전시가 되면 병부령도 국왕으로부터 군령권을 위임받아야 했다. 국왕이 군사에 대한 명령권을 넘겨주어야만 군사를 운용할 수 있었다. 국왕은 병부령을 비롯하여 여러 장군들에게 군령권을 위임했다.

국왕의 군령권 위임 시에는 부월斧鉞의 수여나 편의종사권便宜從事權의 부여와 같은 일정한 의식이 수반되었다. 부월, 즉 도끼는 국왕으로부터 위임받은 장수의 지휘권을 상징한다. 편의종사권은 전장에서 신상필벌을 임의대로 할 수 있는 권한을 의미한다. 660년 백제 멸망 당시 신라군과 당군 사이에 마찰이 일어나자, 김유신은 부월을 짚고 전쟁도 불사하겠다는 의지로 당군에게 항의했다. 662년 김유신이 평양으로의 군량 수송 임무를 맡았을 때, 국왕은 김유신에게 국경을 벗어나면 상과 벌을 마음대로 하라고 했다. 국왕의 군령권 위임을 잘 보여주는 사례들이다.

국왕으로부터 군령권을 위임받는 장군들도 상하 구별이 있었다. 서열은 대장군, 상장군, 좌장군, 우장군, 장군, 부장군 등의 순이었던 것으로 확인된다. 하지만 장군의 기본적인 성격은 크게 다르지 않았던 듯하다. 신라의 군령체계에서 볼 때 여러 장군들은 국왕의 예하에서 거의 동등한 위상을 차지하고 있었다. 겉으로는 국왕에 의해 독점적인 지배가 이루어진 듯하지만 내면을 들여다보면 귀족 연합적 지배질서가 관철되고 있었다. 쉽게 말하자면 군령권을 여러 장군들에게 위임하는 것은 진골귀족들에게 국왕의 권력을 조금씩 나누어주는 것과 같다. 이러한 군령권 위임은 귀족 연합적 권력구조를 유지하는 또 하나의 제도적 장치였다.

## 시위부, 왕권 강화를 위한 수단

시위부侍衛府는 말 그대로 국왕을 곁에서 호위하는 부서다. 시위부는 궁성의 숙위나 국왕의 호종 그리고 경호 등의 역할을 수행했다. 기본적으로 국왕이 사는 곳을 지키고, 국왕을 따라다니며 호위했다. 지금으로 보면 청와대 경호실과 유사하다. 본래의 임무와 기능으로 인해 왕권과 깊이 밀착되어 있었다. 그렇기 때문에 왕권의 군사적 배경이 반월성의 서쪽에는 월정교月淨橋가 있고, 동쪽에는 춘양교春陽橋가 있었다. 월정교는 현재 복원 중이고, 춘양교는 미복원 상태다. 두 다리는 유사시에 왕궁의 인원들이 남천을 건너 남산으로 대피하기 위해 거쳐야만 하는 길목이었다. 반대로 왕궁 남쪽의 사람들이 왕궁으로 가기 위한 관문이기도 했다. 월정교와 춘양교의 입구 좌우에는 사자獅子 돌기둥이 세워져 공간을 구분했다. 중국의 《구당서舊唐書》에는 "신라 왕이 사는 금성金城에는 위병衛兵 3천 명으로 사자대獅子隊를 설치했다"라고 되어 있다.
* 출처: 구글어스 위성지도.

되는 부서이기도 했다.

　군관직을 시위부에 설치하는 것은 강력한 왕권을 구축하기 위한 조치였다. 시위부의 군관조직이 한꺼번에 완비된 것은 아니다. 7세기 초반부터 점진적인 정비 과정을 거쳐 완성되었다. 624년 진평왕 시기에

〈그림 10-2〉

**남천의 모습과
반월성 내부 발굴**

신라 시기 남천의 수량은 지금보다 풍부하여 반월성의 자연해자 역할을 했을 것이다. 현재 반월성 내부는 국립경주문화재연구소가 중심이 되어 발굴조사가 한창이다. 2014년부터 시작되어 2023년까지 10년 계획으로 발굴조사가 진행될 예정이다. 좋은 결과가 있기를 기대해본다.

는 시위부의 수장으로서 대감大監 6명을 두었다. 여기에서 주목되는 것은 진골귀족의 영향력 배제다. 일반적으로 중앙군인 6정이나 9서당의 장군에는 진골귀족이 임명되었다. 하지만 시위부의 수장에는 진골귀족이 임명되지 않았다. 관련 연구에 따르면, 시위부는 이전부터 국왕 측근에서 비조직적으로 활동하던 집단을 새롭게 편성한 부서라 한다. 공식적인 관직이 설치되기 전부터 국왕을 경호하거나 시위하던 군사집단이 존재했다. 이 군사집단은 진골귀족의 통제를 받는 것이 아니라 국왕에게만 충성하는 국왕 직속의 친위군이었다. 진평왕은 이들을 공식화하여 국왕의 측근 세력으로 활용했다.

진평왕 시기에는 서당誓幢, 사천당四千幢, 하서주궁척河西州弓尺, 군사당軍師幢, 급당急幢, 낭당郞幢 등 다양한 군사조직이 만들어졌다. 새로 창설된 부대들은 모두 대외전쟁을 위한 군사조직으로서 진골귀족으로 구성된 장군들의 지휘를 받았다. 이러한 상황은 진평왕에게 일종의 한계로 작용할 수 있었다. 거대한 조직을 이끌기 위해서는 강하고 믿음직한 지지 기반을 확보해야 한다.

진평왕은 대외전투와는 비교적 무관하면서 자신에게 직속하는 군사조직을 필요로 했다. 그것이 바로 시위부였다. 진평왕 시기에 시위부를 조직화한 것은 크게 볼 때 왕권 강화의 일환이었다. 여러 군사조직들이 진골귀족에 의해 장악되어 왕권을 제약하던 문제를 해소하려는 움직임이었다. 이후 삼국이 통일되고 왕권이 정점에 이르자, 신문왕은 681년 시위부의 수장으로서 장군將軍을 설치했다. 그렇게 왕권은 점진적으로 강화되어갔다.

11

解衣抱火

옷을 벗고 불을 껴안다

# 김춘추,
# 호랑이 굴 고구려로 향하다

## 토끼와 거북이

옛날 동해 바다 속에 용왕이 살고 있었다. 용왕에게는 딸이 하나 있었
는데 심장병을 앓았다. 의원이 말하기를, "토끼의 간을 구해 약으로
만들어 먹으면 나을 수 있습니다"라고 했다. 하지만 바다 속에는 토끼
가 살지 않아 어쩔 수 없었다. 이 때 거북이가 용왕에게 말했다. "제가
토끼의 간을 구해 오겠습니다." 용왕은 이를 허락하고 거북이를 보냈
다. 거북이는 육지로 나와 토끼를 찾아 다녔다.

　토끼를 찾은 거북이는 달콤한 말로 유혹했다. "바다 속에 섬이 하나
있는데, 그 곳에는 맑은 샘물, 하얀 돌, 울창한 숲, 아름다운 과일나무
가 있어. 추위와 더위도 없고, 매가 침입할 수도 없어. 네가 가기만 하

면 편히 지낼 수 있고 아무런 근심도 없을 거야." 토끼는 그 말을 듣고 거북이의 등에 올라탔다. 거북이가 2~3리쯤 헤엄치다가 토끼에게 말했다. "지금 용왕의 딸이 병에 걸렸는데, 토끼의 간이 있어야 약을 지을 수 있어. 그래서 일부러 너를 업고 가고 있는 거야." 이미 바다 위라서 토끼가 도망갈 수 없음을 알고 한 말이었다.

거북이의 의도를 파악한 토끼는 꾀를 내어 다음과 같이 말했다. "아아, 나는 신명神明의 후예라 5장五臟을 꺼내서 씻은 다음에 다시 넣을 수 있어. 공교롭게도 전에 속이 좀 불편해서 간을 꺼내 씻고는 잠시 바위 밑에 두었어. 네 말을 듣고 바로 오느라 미처 간을 챙겨 오지 못했어. 이제 그곳으로 돌아가서 간을 가져오는 게 좋을 거 같아. 그러면 너는 간을 구하게 되고, 나는 간이 없이도 살 수 있으니까 둘 다 좋은 거 아냐?" 거북이가 토끼의 말을 믿고 다시 육지로 돌아왔다. 하지만 토끼는 육지에 오르자마자 풀숲으로 달아났다. 도망치면서 거북이에게 소리쳤다. "너는 참 어리석구나. 어떻게 간 없이도 살 수 있는 동물이 있을 수 있어?" 이를 본 거북이는 멍해졌다. 결국 아무 말 없이 물러나고 말았다.

## 김춘추, 고구려로 향하다

642년, 선덕여왕이 즉위한 지 11년이 지난 시점이다. 7월에서 8월 사이 백제의 대대적인 공격이 시작되었다. 경상남도 합천에 위치한 대야성은 신라 서부의 대표적인 군사거점이었다. 이 대야성을 비롯해 낙동강은 강원도 태백의 황지연못에서 발원하여 남쪽으로 흘러간다. 영남 전역을 흐르면서 지나간다. 하천의 길이는 500킬로미터가 넘으며, 남한에서 가장 긴 강이다. 소백산맥과 마찬가지로 자연적인 장애물이었다. 조선 시기 영남은 경상 좌도와 우도로 나뉘었는데, 그 기준은 낙동강이었다.

＊ 출처: 구글어스 위성지도.

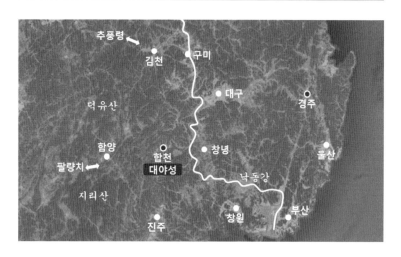

낙동강 이서 지역의 40여 성이 백제에 의해 함락당했다. 이 지역은 대부분 옛 가야권역으로 신라 영토의 거의 3분의 1에 해당하는 범위였다. 대야성이 있는 합천에서 대구까지의 거리는 50킬로미터에 불과하다. 대구에서 영천을 지나면 바로 수도 경주다. 백제의 공격으로 수도 경주가 직접적인 위험에 노출된 것이다.

　백제의 대야성 함락은 신라 조정을 발칵 뒤집어놓았다. 신라는 비상사태를 선포하고 국가적 위기를 극복하기 위해 총력을 기울였다. 가장 적극적으로 나선 인물은 김춘추였다. 김춘추는 당시 신라 정계의 핵심인물이었다. 대야성 함락은 김춘추와 김유신을 중심으로 하는 신귀족세력의 영향력에 결정타를 입혔다. 아울러 김춘추는 대야성전투에서 자신의 딸과 사위를 동시에 잃고 말았다. 김춘추는 국왕을 찾아가 고구려에 군사를 요청하겠다고 건의했다. 국왕이 허락했다.

김춘추는 고구려로 가기 전에 김유신과 마지막 대화를 나누었다. "나는 공公과 일심동체로 나라에서 가장 신뢰받는 신하가 되었소. 지금 내가 만일 고구려에 들어가 해를 당한다면 공은 어떻게 하겠소?" 김유신이 답했다. "공公이 만일 가서 돌아오지 않는다면 나의 말발굽이 반드시 고구려와 백제 두 임금의 앞마당을 짓밟을 것이오. 진정 그리하지 못한다면 장차 무슨 면목으로 나라사람들을 대하겠소?" 이에 김춘추가 감격하며 자신의 손가락을 깨물었다. 김유신도 손가락을 깨물어 피를 내었다. 술잔에 피를 떨어뜨려 서로 나누어 마셨다. 당시 김춘추의 상황이 얼마나 절박했는지 잘 보여주는 일화다.

대야성 함락 4년 전의 일이다. 고구려가 신라의 칠중성을 공격했다. 칠중성은 신라 북방의 가장 중요한 군사거점이었다. 당시 신라와 고구려의 경계는 대체로 임진강을 중심으로 형성되어 있었다. 이 임진강을 배 없이 걸어서 건널 수 있는 지점이 바로 칠중성 앞이었다. 칠중성을 사이에 두고 신라와 고구려는 끊임없이 싸워왔다. 신라의 입장에서 보면 백제와 고구려는 모두 적국일 뿐이었다. 김춘추의 고구려행은 이러한 상황에서 이루어졌다. 김춘추는 고구려로의 입국 자체가 큰 위험이 되는 줄 알면서도 스스로 나섰던 것이다.

김춘추는 직접 위협을 가하고 있는 백제를 견제하고 나아가 멸망시킬 수만 있다면 그 어떤 세력이든 상관 없다고 여겼다. 당시 당나라는 거리상 너무 멀리 떨어져 있었다. 신속한 구원을 기대하기는 어려웠다. 왜는 일찍부터 친백제 노선을 추구하던 터라 고려 대상에서 제외되었다. 반면 고구려는 오랜 기간 동안 백제와 국경을 접하며 대립하고 있어 좀 더 현실적인 대상이었다. 만약 고구려의 군대가 움직여만 준다면 백제를 고립시킬 수 있었다. 전략상 우위에 설 가능성이 있었다. 당시 신라의 입장에서 당장 백제의 위협으로부터 벗어나는 방법은 비록 적국이지만 고구려를 선택하는 길밖에 없었다.

## 김춘추와 선도해, 불리한 상황을 타개하다

김춘추의 고구려행 목적은 기본적으로 고구려에 군사적 지원을 요청하는 청병請兵이었다. 최선책은 고구려의 군대를 움직여 백제를 직접 견제하는 것이었다. 하지만 이것이 불가능할 경우를 대비해 차선책도 고려해야만 했다. 차선책으로는 신라와 고구려가 휴전하거나 신라와 백제의 전쟁에서 고구려가 중립을 유지해달라고 요청하는 청화請和였다. 신라와 고구려 사이에 휴전이나 중립이 이루어진다면 최소한 신라의 모든 군사력을 백제에 집중할 수 있기 때문이다. 반대로 이 시기에 고구려가 백제와 함께 신라를 공격한다면 신라는 치명적인 상황으로 몰릴 수밖에 없다.

김춘추는 고구려 국내외의 정세상 청병의 가능성은 희박하다고 보고 차라리 좀 더 현실적인 청화를 선택한 것 같다. 김춘추의 궁극적인 목적은 백제를 고립시키는 것이다. 고구려가 백제를 공격해주지는 않더라도 최소한 신라가 백제를 공격할 때 중립을 지켜주기를 원했다. 하지만 김춘추의 대고구려 외교는 성사되지 못했다. 고구려가 군사 지원의 대가로 죽령 이북의 영토를 반환하라고 요구했기 때문이다. 죽령 이북은 신라가 장악하고 있는 한강 유역 전체를 의미했다.

김춘추가 당시 신라 신귀족세력의 대표적 존재였다고는 하나 영토 반환 문제는 단독으로 결정할 수 있는 사안이 아니었다. 죽령 이북의 영토를 신라가 이미 점령하고 있는 상황에서 영토를 반환하라는 것은 김춘추의 제의에 대한 공개적 거절이었다. 김춘추는 고구려가 백제 공격에 적극적으로 나서기 어렵다는 상황을 알면서도 청병을 요구했다. 이에 연개소문은 신라가 죽령 이북의 영토를 반환하지 않을 것을 알면서도 그것을 요구했다. 김춘추와 연개소문 사이에 치열한 외교 신경전이 벌어졌던 것이다.

김춘추는 고구려의 영토 반환 요구를 수용할 수 없었다. 이로 인해 신라와 고구려의 협상은 결렬되었고, 김춘추는 감옥에 갇히게 되었다. 이 때 고구려의 선도해가 감옥에 갇힌 김춘추에게 토끼와 거북이 이야기를 들려주었다. 긴 터널의 끝에 빛이 보이기 시작했다. 김춘추는 선도해의 얘기를 듣고 무릎을 쳤다. 곧 고구려 왕 앞에 나아갔다. "한강 유역은 원래 고구려의 땅이옵니다. 제가 귀국하면 고구려에 돌려주도록 청하겠나이다." 김춘추가 이렇게 맹세하자, 명분을 얻게 된 연개소문은 그를 풀어주었다.

당시 선도해가 왜 김춘추를 도와줬는지 자세한 내막은 알 수 없다.

삼국시대에 제작된 말을 탄 무사 모양의 뿔이 달린 술잔이다. 무사는 투구
와 갑옷을 입고, 오른손으로 창을 들고 왼손으로 방패를 잡고 있다. 무사뿐
만 아니라 말까지 갑옷을 입힌 중무장한 기병의 모습이다. 국보로 지정되
어 있으며, 국립경주박물관에 소장되어 있다. 적국인 고구려로 향하기 전
김춘추와 김유신은 술잔을 기울였을 것이다. 마지막이 될지도 모르는 상황
에서 두려움과 새로운 시대에 대한 설렘을 느끼면서.

다만 당시는 연개소문이 쿠
데타로 권력을 장악한 때였
고, 선도해가 그런 연개소문
에 불만을 품은 세력이었을
가능성이 있다. 김춘추가 고
구려로 향하면서 이미 고구
려 내에 동조 내지는 협조세
력을 포섭해두었고, 선도해
가 그 핵심 인물이었을 가능
성도 있다. 김춘추가 고구려
로 가면서 준비한 청포青布

300보가 선도해에게 전달된 것은 이 같은 추측의 타당성을 뒷받침한
다. 아무튼 고구려에 대한 청병이 실패하자, 김춘추는 다시 왜와 당나
라로 군사 협조를 요청하기 위해 나섰다. 모름지기 리더는 이처럼 불
리한 상황이 닥치더라도 그것을 타계하기 위해 끊임없이 노력해야 한
다. 김춘추처럼 말이다.

# 12

# 和而不同

사이좋게 지내지만 무작정 따르지는 않다

# 당과 손잡은 신라,
# 새로운 물꼬를 트다

## 신라의 구원 요청, 당과 왜의 태도

굶주린 송어가 담배꽁초를 집어삼키듯 신라는 물불을 가릴 때가 아니었다. 643년 9월, 신라는 당나라에 사신을 보냈다. 고구려와 백제의 침입을 알리고 구원을 청하기 위함이었다. 신라의 요청에 당 태종은 3가지 계책을 내놓았다.

"첫째, 당이 거란과 말갈의 군사를 이끌고 요동으로 쳐들어가면, 신라의 위기는 자연히 풀리고 적의 공격도 한동안 늦출 수 있을 것이다. 둘째, 신라군에게 당의 군복과 군기를 주어 그것을 입히고 세워놓으면, 당군의 지원으로 여긴 고구려와 백제의 군사는 달아날 것이다. 셋째, 신라는 여왕으로 인해 이웃 나라의 멸시를 받고 있으므로, 당의 황족을 보내어 신라의 왕으로 삼았다가 나라가 안정된 후에 귀환시키면 될 것이다." 당 태종이 제시한 3가지 계책은 한마디로 말해 '당은 신라에 관심이 없다'는 것이었다. 실현 불가능한 말이었기 때문이다. 그렇게 당과의 교섭도 실패하고 말았다.

당 태종의 "여왕은 정치를 제대로 할 수 없다"는 발언은 신라에 상당한 파문을 일으켰다. 게다가 백제의 지속적 침략으로 인해 신귀족세력의 정치적 입지는 점차 좁아지고 있었다. 신귀족세력의 중심인 김춘추의 고뇌도 깊어졌다. 이러한 위기 상황을 타개하기 위해 김춘추에게는 새로운 돌파구가 필요했다. 결국 김춘추는 고구려에 이어 왜를 선택하게 된다.

647년, 김춘추는 왜로 건너갔다. 우리나라의 역사서에는 없지만, 《일본서기》에는 다음과 같이 짤막하게 묘사되어 있다. "김춘추는 용모와 자태가 수려하고 화술에 능하다." 《일본서기》의 신라관에 비추어보면 이례적인 호평이다. 이는 김춘추가 왜의 지배층에게 강한 인상을 남겼다는 증거다. 당시 김춘추가 왜에서 어떠한 행적을 보였는지는 알 수 없다. 왜의 성향으로 볼 때 신라의 요청에 응하지는 않았을 것이다. 신라가 원하는 것은 왜의 백제 공격인데, 친백제 성향의 왜가 동의할 리 없었다.

김춘추가 왜로 건너간 목적은 군사적 지원을 요청하는 것만이 아니었다. 김춘추의 방문 전 왜에서도 고구려와 마찬가지로 다이카개신大化改新이라는 정치적 변혁이 일어났다. 김춘추는 정변으로 변화된 왜의 정세를 직접 파악하기 위해 왜로 건너갔다. 이를 바탕으로 김춘추

는 사신이 구상하고 있던 외교정책을 정리하고 적극적으로 추진하고
자 했다.

## 나당동맹의 체결, 신라-당과 고구려-백제의 이해관계

김춘추는 왜에서 돌아온 후 648년 청병을 위해 다시 당으로 건너갔
다. 앞서 당은 645년 고구려 원정에 실패했다. 이후 소규모 군사를 동
원하여 고구려를 침입하면서 지속적인 소모전을 전개하고 있었다. 이
같은 상황에서 고구려의 내부 사정을 잘 알고 있던 김춘추는 당에게
꼭 필요한 존재였다. 당 태종은 김춘추와의 만남을 통해 당시 동아시
아의 국제 정세와 앞으로의 변화에 대해 서로의 의견을 교환했을 것
이다.

645년 당 태종이 고구려를 공격할 때 신라는 3만 명을 동원하여 당
을 지원했다. 반면 백제는 그 틈을 타 신라의 서쪽 변경을 공격했다.
이 사건을 계기로 당과 백제의 관계는 본격적으로 악화되었다. 당이
동맹국으로 신라를 선택하게 된 이유는 백제의 이러한 태도 변화와
밀접한 관계가 있다. 이와 더불어 신라의 외교 노력도 무시할 수 없
다. 신라는 643년 청병 요청이 거절된 이후에도 지속적으로 당에 조
공하면서 청병을 요구했다. 김춘추가 당으로 건너가 동맹이 성립되는
648년까지 매년 사신을 파견했다.

648년 김춘추가 당으로 건너갈 당시 신라와 당의 관계는 상당히 호
전되어 있었다. 하지만 신라와 당은 추구하는 목적이 서로 달랐다. 신

〈그림 12-1〉

김춘추의
외교로

김춘추는 백제가 압박을 가해오자 위기를 타개하기 위해 642년 고구려, 647년 왜, 648년 당으로 건너갔다. 고구려와 왜는 신라의 요청을 거부했고, 결국 648년 당과의 동맹이 체결되었다. 신라가 외세인 당을 먼저 끌어들인 것이 아니라 한 민족인 고구려가 먼저 도와주지 않았던 것이다. 고대에서는 보기 드물게 동아시아 각국의 외교사절로 파견된 김춘추의 대담함과 절실함이 돋보이는 장면이다.

＊출처: 구글어스 위성지도.

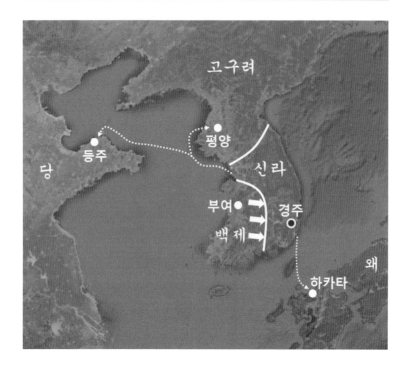

라는 백제의 공격과 위협에서 벗어나기를 원했고, 당은 고구려의 멸망을 바라고 있었다. 관심 대상이 서로 달랐던 것이다. 신라와 당은 서로의 입장 차이를 좁히고 합의점을 도출해내야 했다.

일난 신라와 낭이 한반도 눈제에 서로 힘을 합치기로 했다. 다음으로 신라가 백제를 공격할 때 당이 지원하고, 당이 고구려를 공격할 때 신라가 후원하는 방식으로 논의가 진행되었다. 나아가 백제와 고구려 멸망 후의 상황까지 논의되었다. 대동강을 기준으로 이북은 당이 차지하고, 이남은 신라가 영유하기로 합의를 보았다. 각각 백제와 고구려라는 상대에 대한 전략적 이해관계가 맞아떨어졌다. 마침내 나당동맹이 성사되었다.

나당동맹이 체결됨으로써 신라는 고구려의 잠재적 위험에서 벗어날 수 있었다. 물론 애초에 고구려가 신라를 직접 공격할 가능성은 낮았다. 하지만 신라가 당과 연합함으로써 고구려는 더더욱 신라에 대한 공격을 감행하기 어렵게 되었다. 한편 당시 백제의 입장에서는, 당이 대규모 수군을 동원해 먼 거리를 이동한 후 백제를 직접 공격할 가능성은 거의 없었지만, 그렇다 하더라도 부담을 느끼긴 고구려와 마찬가지였다. 나당동맹 이전에는 백제가 고구려와 연계해 신라를 공격하기가 수월했다. 그러나 나당동맹 이후에는 고구려가 당을 의식해 신라를 공격할 여지가 거의 없어지고 말았다. 이로 인해 백제의 신라 공격도 차질을 빚을 수밖에 없었다. 반면 신라는 고구려를 의식하지 않고, 백제에 대해 전력을 기울일 수 있는 기회를 얻었다.

당의 입장에서는 고구려의 후방에서 일정한 역할을 할 수 있는 우군을 얻게 되었다. 나당동맹 체결 전까지 고구려는 요동을 중심으로 수비군을 배치해왔다. 하지만 이제는 후방에도 일정한 병력을 배치하여 신라를 경계하지 않을 수 없게 되었다. 당의 원정이 장기화될 경우

<그림 12-2>

**태종무열왕릉비**

신라 제29대 왕인 태종무열왕 김춘추의 능 앞에 세워진 석비의 19세기 모습. 문무왕 원년(661)에 건립되었으며, 명필가로 유명했던 태종무열왕의 둘째 아들 김인문의 글씨로 비문을 새겨 놓았다. 김춘추의 주도로 나당동맹을 체결함으로써 신라는 고구려의 잠재적 위협에서 벗어나 백제와의 대결에 전력을 기울일 수 있었다. 이는 신라의 삼국통일에 결정적인 토대가 된다.

한반도 현지에서 보급을 받을 수 있는 새로운 보급선을 확보하게 된 점도 큰 성과였다. 동서의 신라-당이 남북의 고구려-백제와 서로 대립하는 구도가 형성되었다. 신라와 당이 손을 잡음으로써, 이제 고구려와 백제에 대한 전략적 균형을 갖추게 되었다.

## 김춘추의 대낭 외교, 어떻게 볼 것인가

김춘추는 대당 외교를 통해 나당동맹의 체결이라는 군사적 목적을 이루었다. 그의 대당 외교는 대고구려 외교 및 대왜 외교와 비교했을 때 아주 성공적인 것이었다. 대당 외교의 성공으로 김춘추의 위상은 더욱 높아졌다. 이러한 외교 활동들이 이후 김춘추가 국왕으로 즉위하는 데에도 결정적 역할을 했음은 물론이다.

김춘추는 당이라는 외세를 끌어들인 장본인이다. 백제와 고구려를 멸망시키고 결과적으로 만주의 고구려 영토를 잃어버리게 한 원인 제공자다. 하지만 이는 지극히 현재적 관점이다. 당시 신라의 입장에서는 고구려, 백제, 당, 왜 모두 외세였다. 삼국이 언어적·문화적·종족적 친연성이 중국에 비해 더 높았던 것은 사실이지만, 지금과 같은 국가나 민족이라는 개념은 아직 성립하지 않았다. 김춘추는 신라의 목을 죄여오는 백제의 공세를 막기 위해 적국이었던 고구려로 목숨을 걸고 들어갔다. 이후 전통적으로 백제와 친밀했던 왜에도 주저 없이 뛰어들었다. 하지만 고구려와 왜는 모두 신라를 외면했다. 마지막으로 당을 설득해 나당동맹을 이끌어냈다.

결국 신라는 당과 동맹을 체결하여 백제와 고구려를 멸망시켰다. 《일본서기》에 인용된, 고구려 승려 도현이 쓴 《일본세기日本世記》의 말을 빌려보자. "김춘추가 대장군 소정방의 힘을 빌려 백제를 협격하여 멸망시켰다." 백제의 멸망 원인이 김춘추의 대당 외교에 있었음을 시사하고 있다. 이후 신라는 백제와 고구려 유민을 흡수해나가면서 당

〈그림 12-3〉

**황룡사지 전경**

신라 제일의 사찰이었던 황룡사皇龍寺는 현재 빈 터만 남아 있다. 진흥왕 시기인 553년에 짓기 시작하여 569년에 완성했다. 황룡사는 김춘추의 아버지 김용춘이 건설을 담당한 것으로, 김춘추로 대변되는 신귀족세력의 상징과 같다. 황룡사의 9층목탑은 높이가 80미터에 이른 것으로 추정되고 있으며, 탑 바닥의 한쪽 면 길이만 해도 20미터가 넘는다. 선덕여왕 시기에 건립된 황룡사는 고려시대 몽골의 침입으로 완전히 불타버렸다.

과의 전쟁을 통해 한반도를 지켜냈다. 이 과정에서 신라의 운명을 건 김춘추의 외교 활동은 절대적 역할을 했다.

나당동맹을 체결하고 김춘추가 귀국할 때의 일이다. 김춘추 일행은 해상에서 고구려의 순라병巡邏兵에게 발각되어 쫓기는 신세가 되었다. 고구려 군사에게 배를 빼앗길 상황이었다. 이 때 김춘추를 따르며 모시던 온군해가 나섰다. 높은 관직의 모자를 쓰고 큰 옷을 입은 후 일부러 뱃머리 위에 걸터앉았다. 고구려 군사가 그를 김춘추로 착각해 잡아 죽였다. 그 사이 김춘추는 작은 배를 타고 무사히 신라로 돌아왔다. 리더의 과감함과 그를 따르는 부하의 희생으로 신라는 새로운 물꼬를 틀 수 있었다.

# 13

# 飢者甘食

굶주린 사람은 음식을 가리지 않고 먹는다

# 배식에 실패한 지휘관은
# 용서할 수 없다

## 쌀과 풀

1812년 나폴레옹은 40만 명이 넘는 대군을 거느리고 러시아 원정을 감행했다. 프랑스군이 몰려오자 러시아군은 퇴각에 퇴각을 거듭했다. 그 과정에서 프랑스군에게 식량이나 군수물자가 될 만한 것들은 모조리 없애버렸다. 들판을 비우고 산성에서 방어전을 하는 고구려의 청야전술清野戰術과 비슷했다. 프랑스군은 기세 좋게 러시아의 수도 모스크바를 점령했지만, 러시아의 주력부대는 없었다. 러시아는 항복하지 않았고, 날씨는 점점 추워졌다. 러시아의 항복을 기대할 수 없게 되자 나폴레옹은 철수를 결심했다. 철수 과정에서 프랑스군의 보급은 제대로 이루어지지 않았다. 러시아군의 끈질긴 공격으로 막대한 피해까지 입었다. 귀환한 프랑스 병사는 4만 명에 불과했다.

중국 측 기록에 따르면, 당군 1명은 하루에 2승升의 쌀을 먹었다고 한다. 당시 1승은 약 200그램이었다. 병사 1명이 작은 우유팩 2개 분량의 쌀을 먹은 셈이다. 건조된 쌀과 달리 밥으로 지었을 경우에는 상당한 양이 된다. 보통 한 차례 원정에 3~4달 정도 소요된다고 가정해 보자. 당시 쌀 1석은 150승이었다. 병사 1명이 하루 2승씩 쌀 1석을 완전히 소비하는 데에는 75일이 소요된다. 병사가 1,000명일 경우 쌀은 1,000석을 준비해서 75일을 버틸 수 있다. 문제는 병사가 수천 혹은 수만 단위로 늘어나는 경우다. 쌀을 수천 혹은 수만 단위로 운반하고 보관하기가 쉽지 않기 때문이다. 병력이 많으면 많을수록 보급 문제가 전쟁의 승패에 가장 큰 영향을 미치게 되는 이유다.

이와 더불어 또 고려할 것이 있다. 초료草料, 즉 말이 먹는 풀이다. 말은 하루에 1석 분량의 풀을 먹는다고 한다. 무게는 쌀에 비해 현저히 가볍지만 부피는 수배에 달한다. 산술적으로 말 1필이 75일간을 버티기 위해서는 75석의 초료가 필요하다. 물론 말을 방목하여 현지 조달한다면 필요한 양은 미미한 수준으로 줄어든다. 하지만 풀이 자라지 않는 겨울이 되면 사정이 달라진다. 현지에서 풀을 먹일 수 없게 되는 것이다. 이 점이 바로 동계작전을 곤란하게 하는 요인 중 하나다.

전근대 시기에 기병은 현대의 전차와 같은 기능을 했다. 신속한 기동성과 육중한 충격력을 보유했기 때문에 가장 중요한 병종으로 자리매김했다. 또한 말은 전쟁물자 운반에도 유리했기에 빠트릴 수 없는 존재였다. 전차의 연료가 바닥이 나면 고철덩어리에 불과하듯, 풀이 없을 경우 말은 더 이상 제 능력을 발휘할 수 없었다.

## 비상식량 육포

삼국을 통일한 문무왕이 681년 사망하고, 그 뒤를 이어 신문왕이 즉위했다. 신문왕은 683년에 김흠운의 딸을 맞아들여 왕비로 삼았다. 김흠운은 삼국통일기에 여러 전투에 참가했고, 백제군과 싸우다가 전사한 인물이다. 혼인에 앞서 신문왕은 이찬 문영과 파진찬 삼광을 보내 혼인 기일을 정하고, 대아찬 지상을 보내 납채納采신랑 측에서 예를 갖추어 혼인을 청하고 신부 측에서 이를 받아들이는 과정하게 했다. 이 때 폐백幣帛이 15수레, 쌀·술·기름·꿀·간장·된장·포·식혜가 135수레, 벼가 150수레였다고 한다. 왕의 혼례이니만큼 그 수량도 많았다.

　여기에서 신라인들의 식습관을 엿볼 수 있다. 쌀과 쌀을 기반으로 하는 술과 식혜가 주류를 이루고 있다. 음식 조리에 필요한 기름, 꿀, 간장, 된장 등도 많이 사용되었음을 알 수 있다. 여러 식품 가운데 포脯라는 것이 포함되어 있는데, 포는 일반적으로 말린 고기를 의미한다. 소고기나 돼지고기를 얇게 떠서 말린 육포, 넓은 의미에서는 생선을 말린 어포도 포함된다. 포가 왕의 혼례에 공식적으로 등장하는 것으로 보아, 당시 상당히 일반화된 음식이었던 듯하다. 이러한 포는 인류 역사에서 볼 때 꽤 이른 시기부터 활용되었을 것으로 여겨진다.

　신라군은 기본적으로 쌀을 운반하여 밥을 지어먹었지만, 취사가 어려울 경우에는 말린 고기나 곡물로 대체했을 것이다. 말린 상태이므로 부피가 줄고 가벼워 휴대하기 용이하다. 이런 점 때문에 병사들의 비상식량으로 널리 사용되었음에 틀림없다. 예나 지금이나 병사들이 먹고 마시고 입고 잘 수 있는 보급이 중요한 법이다. 군대에서 식사가 제대로 공급되지 않으면 훈련 성과가 급격히 떨어지는 경우가 많다. '전투에 패배한 지휘관은 용서해도 배식에 실패한 지휘관은 용서할 수 없다'는 우스갯소리까지 있을 정도다.

## 김유신의 군량 수송, 향후 평양성 함락의 초석이 되다

신라와 당의 연합군은 660년 백제를 멸망시켰다. 661년에 당은 다시 고구려 공격에 나섰다. 소사업의 부여도행군, 정명진의 누방도행군, 계필하력의 요동도행군, 소정방의 평양도행군, 임아상의 패강도행군, 방효태의 옥저도행군 등이 편성되었다. 이 가운데 소정방, 임아상, 방효태 등의 부대는 해로를 이용하여 대동강을 거슬러 올라가 평양성을 포위했다. 하지만 수개월간 포위되었음에도 평양성은 항복하지 않았다. 점차 당군의 보급 문제가 대두되었고, 결국 신라에 군량을 요청하기에 이른다.

평양으로의 군량 수송에 김유신이 자청하고 나섰다. 662년 초 김유신은 쌀 4,000석과 벼 2만 2,000여 석에 달하는 군량을 수레 2,000대를 동원하여 당군에게 전달했다. 벼를 깎아 백미로 만드는 도정수율揚精收率은 0.72다. 따라서 2만 2,000여 석의 벼는 1만 6,000여 석의 쌀이 된다. 이미 도정된 쌀 4,000석과 1만 6,000여 석을 합하면, 총 2

평양으로의 군량 수송을 위해 수안까지 북상한 신라군은 연산에서 상원을 거쳐 바로 평양성으로 갈 수 없었다. 고구려군에게 위치가 노출되었기 때문이다. 이에 신라군은 평양성 방향이 아니라 서쪽의 유포리 일대로 나아가 진영을 편성하고, 대동강 수로를 통해 당군에게 군량을 전달했다. 군량을 전달받은 당군은 철수했고, 신라군은 동쪽으로 이동할 것처럼 고구려군을 속인 뒤 빠르게 남쪽으로 빠져나왔다.

＊출처: 구글어스 위성지도.

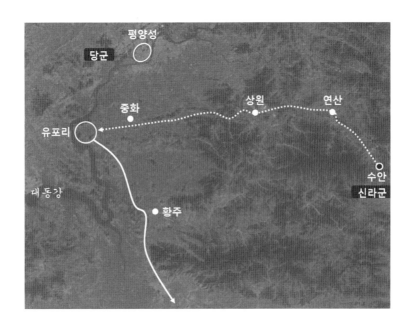

만여 석에 달한다. 당시 동원된 수레가 2,000대였다. 수레 하나에 쌀 10석을 실은 셈이다. 김유신은 2만여 석에 달하는 막대한 군량을 평양까지 수송하고 무사히 귀환했던 것이다.

1석이 150승이므로 2만 석은 3백만 승이 된다. 병사 1명이 하루 2 승을 소비하므로 150만 명이 하루에 먹는 분량이었다. 평양성을 포위한 당군의 숫자는 명확하지 않다. 하지만 김유신이 수송한 군량을 통해 어느 정도 추정해볼 수는 있다. 2만 석은 당군 5만 명이 30일을 버틸 수 있는 분량이다. 신라가 수송한 군량 덕분에 당군은 평양 지역에서 무사히 철수할 수 있었다. 만약 군량이 제대로 전달되지 않았다면 당군은 철수 과정에서 막대한 피해를 입었을 것이다.

군량을 전달받은 당군은 곧바로 철수했다. 고구려 영토에 홀로 남은 신라군은 서둘러야만 했다. 올가미에 걸린 노루는 구했지만, 정작 자신은 사냥꾼이 파놓은 함정에 빠지고 만 것이다. 가장 쉬운 철수로는 왔던 길을 되돌아가는 것이다. 하지만 군량 전달 과정에서 신라군의 위치가 노출되어 고구려군의 포위와 추격이 예상되는 상황이었다. 김유신은 군량 수송에 쓰였던 소를 이용해 고구려군을 기만했다. 북과 북채를 소의 허리와 꼬리에 매달아 소가 움직일 때마다 소리가 나게 했다. 또 땔나무를 쌓아 놓고 불을 피워 연기와 불이 끊이지 않게 했다. 계속 주둔하면서 동쪽으로 이동할 것처럼 속였던 것이다. 밤이 되자 자신이 왔던 동쪽 방향으로 소를 시끄럽게 몰았다. 고구려군의 이목이 소가 이동하는 쪽으로 쏠리자, 그 틈을 타 남쪽으로 빠르게 이동했다. 소를 이용했다는 내용은 설화적 요소가 강해 사실 그대로 믿기는 어렵다. 하지만 신라군이 고구려군에 대한 기만작전을 폈던 정황은 충분히 짐작할 수 있다. 리더의 재치가 돋보이는 장면이다.

식량난에 빠진 당군을 구원하고 적지에서 탈출을 감행한 신라군의

662년 김유신은 식량난에 빠진 당군에 군량을 전해주고 적지였던 고구려에서 무사히 철수했다. 군량 수송의 성공적인 경험은 668년 나당연합군이 고구려의 평양성을 무너뜨리는 데 많은 기여를 했다. 그림은 조선 후기의 〈평양도〉(작자 미상).

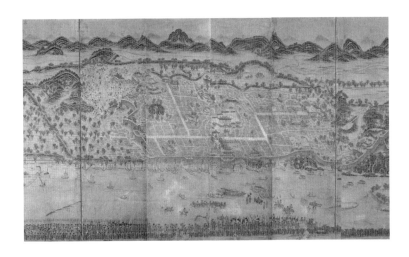

모습은 그야말로 살기 위한 몸부림이었다. 결국 김유신의 부대는 무사히 신라로 철수할 수 있었다. 만약 소정방의 당군이 보급을 받지 못하고 큰 타격을 입거나 김유신의 신라군이 고구려군에게 궤멸되었다면, 고구려는 쉽게 무너지지 않았을 것이다. 662년 김유신의 군량 수송은 신라가 처음으로 고구려 영토 깊숙이 횡단한 사건이었다. 이러한 군량 수송의 성공적인 경험은 이후 668년 나당연합군이 평양으로 진군하고 평양성을 함락하는 데 적지 않은 기여를 했다.

# 14

弩末之勢

•

노를 쏠 때 마지막에 가해지는 큰 힘

# 신라의 최종병기 노

## 냉병기와 공성무기

무기는 크게 고대부터 지속적으로 사용된 냉병기冷兵器와 화약을 주원료로 사용하는 화기火器로 구분된다. 냉병기는 다시 단거리 접전 시 쓰이는 단병기短兵器와 일정 거리를 두고 공격할 수 있는 장병기長兵器 그리고 비교적 원거리에 공격할 수 있는 발사무기發射武器로 나눌 수 있다. 대표적인 단병기는 도刀, 검劍 등의 칼류다. 칼날이 한쪽에만 있으면 도, 양쪽에 있으면 검이다. 장병기는 모矛, 과戈, 극戟 등의 창류다. 긴 나무장대 끝에 날카로운 금속을 부착해 사용하는데, 그 모양에 따라 종류가 나뉜다. 발사무기는 궁弓, 노弩 등의 활류다. 궁은 활대를 세로로 세워서 활줄을 당겨서 사용하고, 노는 활대를 가로로 눕힌 다음 밑에 받침틀을 대고 그 위에 화살을 얹어 사용한다.

이러한 칼류, 창류, 활류는 이른 시기부터 야전에서 사용되어왔다. 전쟁이 빈번해지고 대규모화됨에 따라, 여러 무기로부터 병사들을 보호하기 위한 시설들도 발달했다. 방어력을 높이기 위해 점차 축성술이 발전하면서 성곽이 견고해졌다. 이에 따라 튼튼한 성곽을 공격하기 위한 공성무기도 발달하기 시작한다.

성을 원거리에서 공격하기 위해 돌을 날릴 수 있는 투석기投石機, 대형의 노를 수레에 고정시킨 상자노床子弩 등이 개발되었다. 성안을 정찰하기 위해 위아래로 오르내릴 수 있는 소차巢車와 망루차望樓車가 만들어졌으며, 성 앞의 해자를 건너기 위해 호교濠橋와 절첩교折疊橋 등이 제작되었다. 그리고 성벽으로 접근하기 위해 방호벽을 두른 수레인 분온차轒轀車, 성벽을 오르기 위해 사다리 모양의 운제雲梯, 성문을 망치처럼 때려 부수기 위해 당차撞車 등이 개발되었다. 중국의 경우 이러한 공성무기들은 당송 시기를 거치면서 광범위하게 사용되었다. 우리나라의 경우 삼국의 상쟁이 격화되면서 방어성들이 늘어났고 공성전의 비중도 높아졌다. 이에 따라 중국의 공성무기가 도입되고 새로운 무기가 개발되었다.

## 구진천, 대형 노 제작 기술을 지키다

진흥왕 시기 귀족의 자제와 6부의 부유한 백성들을 국원소경國原小京으로 이주시켰다. 이 때 나마奈麻 신득이 포노砲弩를 만들어 바치자 이를 성

위에 설치했다. 6세기 중엽에 제작되어 성 위에 설치된 포노의 정확한 형태는 알 수 없다. 공수성용으로 개발된 대형의 노로 추정된다. 신라는 6세기부터 적극적인 대외 공세를 취했다. 공성무기의 필요성도 점차 증대되었다. 당시는 고구려와 수·당이 전쟁을 벌이던 시기였고, 수·당은 고구려의 산성을 공격하기 위해 이러한 공성무기를 적극적으로 활용했다. 중국세력과 동맹국이었던 신라는 이 시기를 전후하여 공성무기에 대한 기술을 전수받고 체계화시켰다.

신라는 공성무기 기술을 수용한 후 개량에 박차를 가했다. 결국 7세기 중엽이 되면 신라의 공성무기는 상당한 수준에 이른다. 청출어람靑出於藍이라 했던가. 나당전쟁을 전후해서는 중국보다 나은 기술을 보유한 분야도 나타났다. 대표적인 것이 바로 노弩다. 669년 당나라는 신라에 조서를 전달하고, 신라의 노 기술자 구진천을 당으로 데리고 갔다. 이 시기는 고구려 멸망 후 신라와의 관계가 악화되던 때였다. 그럼에도 당이 이렇게 행동한 것은 그만큼 신라의 새로운 군사기술이 탁월했음을 보여주는 증거였다.

당 황제는 구진천에게 목노木弩를 만들게 했다. 목노가 완성되고 화살을 발사하니 30보밖에 나가지 않았다. 황제가 물었다. "내가 듣기로 너희 나라에서 노를 만들어 쏘면 1,000보가 나간다고 했다. 지금 보니 겨우 30보밖에 나가지 않으니 어찌된 일이냐?" 구진천이 답했다. "나무의 재질이 좋지 못해서 그렇습니다. 만약 신라에서 나무를 가져온다면 만들 수 있습니다." 당 황제는 신라에 사신을 보내 목재를 구해오게 했다. 당의 사신이 목재를 요구하자, 신라는 대나마大奈麻 복한에게 목재를 가지고 가게 했다. 신라의 목재를 이용해 구진천이 다시 목노를 만들었다. 하지만 이번에는 60보밖에 나가지 않았다. 당 황제가 그 이유를 다시 묻자, 구진천은 다음과 같이 대답했다. "저 역시 그 까닭을 잘 모르겠습니다. 아마 바다를 건너는 동안 나무에 습기가 스며들었기 때문이 아닌가 합니다." 당 황제는 구진천이 일부러 제대로 만들지 않았다고 생각했다. 무거운 벌을 내리겠다고 위협했으나, 구진천은 끝내 자신의 재주를 다 드러내지 않았다. 이후 구진천이 어떤 처벌을 받았는지는 알 수 없다. 다만 황제를 능멸한 죄로 목숨을 유지하기는 어려웠을 것이다.

당시 신라 노의 사거리는 1,000보에 달했고, 당은 신라의 노 기술을 획득하고자 했다. 하지만 구진천은 끝내 노 기술을 당에 전수해주지 않았다. 구진천이 제작 가능했던 노는 사거리를 감안해볼 때 일반적인 노가 아니라 상자노와 같은 대형 노였을 가능성이 높다. 사서에는 구진천이 만든 노가 목노木弩라고 되어 있지만 이를 단순히 나무로 만든 노라고 하기는 어렵다. 중국 역사서인 《통전通典》의 수거법守拒法에 따르면, 목노는 활의 길이가 1장 2척약 3미터 60센티미터에 달하는 대형 노다. 이 정도 크기의 노라면 대형 수레에 올려놓고 사용할 수밖에 없다.

중국의 경우 사거리가 1,000보에 달하는 노가 처음 사서에 기록된 것은 당나라가 망한 후다. 송나라 시기의 상노床弩다. 신라가 만든 '천보노'는 중국의 대형 노보다 훨씬 앞선 것이었다. 만약 구진천이 당에 협조했다면 그는 당에서 크게 출세했을 것이다. 그럼에도 그렇게 하

675년 신라는 동북의 국경지대인 안북하安北河(현 북면천)를 따라 관성關城을 설치하고 철관성鐵關城을 쌓았다.《신당서》〈신라전〉에는 "그 나라는 산이 수십 리 이어져 있는데, 협곡을 철문으로 막아 관문關門이라 한다. 신라는 그곳에 항상 노사弩士 수천 명을 주둔시켜 지킨다"라고 되어 있다. 이 정도로 노는 신라의 방어무기로서 중시되었다.
* 출처: 구글어스 위성지도.

지 않았다. 신라는 처음부터 목숨을 걸 수 있고 믿을 만한 인물을 당으로 보냈다.

## 노, 신라의 주력 무기

화살은 짧은 거리는 직선으로 쏘지만 먼 거리는 약간 위를 향해 발사한다. 궁병의 경우 주로 원거리의 적을 저지하는 임무를 수행했다. 이 때 화살은 직선이 아니라 낮은 포물선을 그리면서 날아가기 때문에 명중시키기 어렵다. 그래서 상당한 훈련과 연습이 필요하다. 말 위에서 쏘는 기사騎射는 더욱 그러하다. 반면 쇠뇌, 즉 노弩는 활에 비해 사용하기가 수월한 편이다. 화살이 포물선보다는 거의 직선으로 날아가기 때문에 앞쪽의 목표물을 겨냥하기가 용이하다. 서양의 석궁과 비슷하다고 생각하면 된다. 다만 노는 구조가 복잡해 활보다 제작 시간과 비용이 더 소요되는 단점이 있다. 멀리 적이 나타나면 활을 쏴서 공격하고, 조금 더 가까이 오면 노를 쏴서 저지했다. 창을 든 병사들이 궁병과 노병의 앞에서 이들을 보호했다.

노는 개인병사가 휴대하는 일반 노, 탁자 위에 고정시키는 대형의 상노, 수레 위에 설치해 이동이 가능한 차노車弩 등이 있었다. 고정식인 상노는 성벽 위에 설치하여 수성용으로, 이동식인 차노는 주로 공성용으로 사용했다. 일반 노는 사거리가 150~300보였으며, 대형 노인 상노와 차노는 사거리가 300~1,000보로 추정된다.

신라의 대표적인 군사훈련은 대규모 사열과 사격 시범이다. 국왕이 직접 군사퍼레이드와 활 사격을 관람했다. 이를 통해 병사들의 훈련 정도, 무기와 장비의 상태 등을 확인하고 전투 준비 상황을 가늠했다. 이러한 대규모 사열과 사격 시범은 삼국통일 이전부터 지속되어왔다. 벌판이나 광장에서 군대를 크게 사열하거나 활쏘기를 구경했다는 기록은 적지 않게 발견된다.

신라는 특화된 노를 주력 무기화했다. 사격은 원래 활을 이용해 시범을 보이는 것이었다. 하지만 나당전쟁 후에는 활이 아니라 노를 가

왼쪽은 국립경주박물관에 소장된 노기弩機이며, 오른쪽은 중국 진시황제릉
박물원秦始皇陵博物院에서 공개한 노기다. 노기는 노의 격발장치다. 금속
으로 만들었기 때문에 유물화될 수 있었다. 중국에서 발명된 노는 주로 북
방 유목민족을 제압하기 위해 사용되었는데, 한나라 시기에 이르면 북방
흉노족을 상대하기 위해 보편화된다.

지고 시범을 보였다. 성덕왕 시기(702~737)의 일이다. 일본의 병선이
신라의 동쪽 변경을 침입하자 이를 물리쳤다. 국왕은 그 해 가을 문무
백관들을 적문的門에 모이게 한 뒤 차노車弩의 사격 시범을 관람케 했
다. 효성왕 시기(737~742) 파진찬 영종이 모반하다가 처형되었다. 이
듬해 봄 효성왕은 정종과 은인에게 명하여 노병弩兵을 사열하게 했다.
나당전쟁을 거치면서 노의 효용성과 우수성이 입증되었다. 노는 산악
지형에 성곽이 많은 한반도에서 살아남은 신라의 최종병기였다.

# 15

## 孤軍奮鬪

고립된 군사가 최선을 다해 싸운다

# 공격과 방어,
# 선택과 집중이 필요하다

## 참호와 방어진지

현대 보병은 방어진지를 구축할 때 먼저 참호를 판다. 참호는 2~3명
이 들어갈 수 있도록 파고 참호 안으로 떨어진 적의 수류탄을 처치하
기 위해 수류탄 처치공을 만든다. 안전핀이 빠진 수류탄이 참호 안으
로 들어올 경우 그것을 손으로 집어 다시 내던질 시간적 여유가 없다.
발로 툭 밀어 넣을 수 있도록 참호 구석에 좁고 깊은 구멍을 파놓고
수류탄이 그 안에서 터지도록 해야 했다. 이것이 수류탄 처치공이다.
그리고 각 참호와 참호를 연결하는 교통호를 파서 서로 이동할 수 있
게 만든다.

　전방에 여러 참호를 판 다음에는 그 후방에 또다시 참호를 판다. 전

방의 참호가 뚫렸을 경우 이를 버리고 후방의 새로운 참호로 이동하여 방어할 수 있도록 하기 위해서였다. 축차적으로 구축된 방어선은 후방으로 빠질수록 조밀해진다. 위에서 볼 때 전체적으로 깔때기 모양이 된다. 적이 접근하는 앞쪽은 넓고 지휘부가 위치하는 뒤쪽은 좁아진다.

참호 앞에는 지뢰를 매설하거나 철조망을 설치하여 적의 움직임을 제한한다. 적의 예상 침입로에는 클레이모어크레모아를 설치하여 방어를 강화한다. 클레이모어는 대인용 무기로, 700여 개의 작은 쇠구슬이 플라스틱 통에 들어 있다. 전방 50미터 내외로 쇠구슬이 비산하면서 적을 제압할 수 있다. 앞쪽 참호에는 기관총을 군데군데 배치하여 교차사격이 가능하도록 준비한다.

잘 구축된 방어진지는 몇 배의 적을 막아낼 수 있다. 이러한 방어진지는 지형과 상황에 따라 원형으로 만들어지기도 한다. 1967년 2월, 베트남전쟁에 파병된 해병대는 짜빈동에서 튼튼한 원형 방어진지를 구축하여 10배가 넘는 북베트남군을 성공적으로 막아냈다. 중대 병력으로 연대 병력을 방어한 것이다. 진지를 지켜낸 11중대원은 전원 1계급 특진을 했고, 이를 지휘한 중대장은 태극무공훈장을 받았다.

중국 측 기록에 따르면, 고대 전쟁에서 평지 방어의 경우 야전 흙벽은 1.5미터 높이로 쌓아올렸다고 한다. 이를 위해 그에 상응하는 구덩이를 흙벽 앞쪽에 파서 그 흙으로 벽을 쌓았다. 구덩이의 깊이가 1.5미터, 흙벽의 높이가 1.5미터가 되므로 전체 높이는 약 3미터에 달한다. 앞쪽 구덩이에는 뾰족한 나무 등을 꽂아두어 인공 해자 역할을 하게 만들었다. 우리나라의 경우 평지 전투보다는 산성 전투가 많으므로 인공 해자를 만들 필요성이 그리 높지 않았다. 다만 평지에 방어진영을 편성할 경우 중국과 유사한 형태로 만들었을 것이다.

## 동타천, 고구려의 북한산성 침입을 방어해내다

중국의 공성기술은 이미 전국시대에 거의 완성되었다. 이후 당나라 시기부터 투석기를 사용해서 성벽을 부술 수 있었다. 흙을 높이 쌓아 토산土山을 만들어 성을 공격하거나 둑을 만든 후 터트려 물의 힘으로 성벽을 무너뜨렸다. 성벽 밑으로 굴을 파서 성벽의 일부를 허물어 성내로 진입하거나 지하로 땅굴을 파서 진입하기도 했다. 이러한 공성기술은 우리나라 삼국시대에 적극적으로 도입되어 활용되었다.

백제 멸망 후 백제부흥운동이 활발히 벌어지던 661년 5월, 고구려는 말갈을 거느리고 신라의 북한산성을 공격했다. 신라의 주력군이 백제부흥운동 진압에 투입되자, 그 틈을 노려 신라의 북방을 공격해온 것이다. 고구려 장군 뇌음신과 말갈 장군 생해가 전투에 참가했다. 북한산성을 포위한 이들은 투석기를 이용하여 거대한 돌을 성 안으로 날려 보냈다. 북한산성의 망루들이 순식간에 파괴되었다. 북한산성은 위태로워 보였다. 그러나 신라는 북한산성으로 구원군을 파견할 여유가 없었다.

북한산성의 성주 동타천은 침착하게 방어계획을 수립했다. 먼저 북한산성 앞쪽에 마름쇠뾰족한 가지가 여러 개 달려 있는 질려라는 식물의 모습과 비슷하여 철

〈그림 15-1〉
**북한산성의 위치**

북한산성은 남한산성과 더불어 한강 유역 확보에 가장 중요한 거점이다. 당시의 북한산성은 일반적으로 아차산으로 비정되고 있다. 고구려의 남침이 잦았던 시기 북한산성의 전략적 가치는 더욱 높았다. 북한산성을 장악하지 못할 경우 한강 이북 지역을 통제하기 어렵다. 임진강을 걸어서 건널 수 있는 칠중성 일대(경기 적성)와 더불어 지금도 서울 방어의 요충지다.

\* 출처: 구글어스 위성지도.

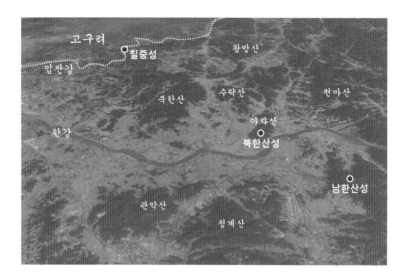

질려鐵蒺藜라고도 한다를 뿌려 적이 쉽사리 통행할 수 없도록 만들었다. 그리고 안양사安養寺의 창고를 헐어 목재를 확보한 후 이 목재를 이용하여 성벽과 망루가 무너진 곳에 새롭게 망루를 설치했다. 망루에는 굵은 줄로 망을 얽고 그 위를 소나 말의 가죽 등으로 덮었다. 동물의 가죽은 적의 화살 공격을 막는 데 효과적이었고, 가죽에 물을 뿌릴 경우 불화살 공격을 막아내는 훌륭한 방어수단이 되기도 했다. 이렇게 꾸

빈 방부 안에는 대형 노로 추정되는 노포弩砲를 설치했다. 방어 준비가 끝나자 동타천은 두 주먹을 불끈 쥐면서 승리를 자신했다. 주민들의 동요를 막기 위함이었다.

성주 동타천의 지휘 아래 2,800명의 주민들은 고구려의 공격을 20여 일간 막아냈다. 고립된 상황에서 리더의 통솔력이 돋보이는 사례다. 적이 물러가자 국왕은 동타천의 활약을 가상히 여겨 관등을 올려주었다. 동타천은 12등 대사大舍에서 10등 대나마大奈麻로 2계급 특진했다.

## 선택과 집중, 나당전쟁을 승리로 이끌다

675년 1월, 나당전쟁이 한창이던 시기에 신라는 구리인장구리로 만든 도장을 만들어 여러 관청과 지방의 관리들에게 나누어주었다. 중앙과 지방 행정을 체계화하기 위함이었다. 또 다른 의미도 있다. 당과의 최후 결전을 앞두고 있던 상황에서 인장 수여는 각 기관장들의 사기를 고무시키고, 왕의 권한 중 일부를 공식적으로 위임하는 징표였다. 전시 체제에서 각 기관장들의 자율성을 어느 정도 보장하여, 급변하는 상황에 좀 더 빠르고 효율적으로 대응하기 위한 조치였다.

675년 9월, 나당전쟁의 분수령이 된 매소성전투가 벌어졌다. 이 전투에서 신라가 승리하면서 전세는 신라 쪽으로 기울었다. 그런데 매소성전투 이후에도 당군의 공격은 지속되었다. 이 때 역사서에 나타나는 지휘관은 성주, 현령, 소수少守 등 지방 관리였다. 성이 당군에게 함락되는 상황에서 신라가 구원군을 따로 파견했다는 기록은 없다. 당시 사망한 지휘관이 모두 지방 관리였다는 점 또한 신라가 지방의 방어성을 지원하지 않았다는 추측을 뒷받침한다.

요컨대 신라는 전체 전략 면에서 봤을 때 중요한 곳에는 중앙군을 집중하여 공격한 반면, 상대적으로 중요도가 떨어지는 곳은 그대로 방치했다. 개별 지방성의 입장에서는 이러한 신라 지휘부의 태도가 잔인하게 비칠 수도 있다. 하지만 전쟁의 전체 국면에서 보면 이는 바람직한 선택이었다. 당군과의 전면전을 회피함으로써 신라의 군사력이 한번에 약화되는 것을 방지하다가 당군의 허점이 보일 경우에는 과감하게 공격에 나섰다. 당군에 비해 부족한 병력을 집중해서 운용하는 한편, 당군에게는 지방 성들을 하나하나 공략하도록 유도하여 병력의 분산을 강요했던 것이다.

원정군의 규모가 크면 클수록 보급의 부담이 가중된다. 시간이 지체되면 될수록 그 부담은 기하급수적으로 늘어난다. 그래서 대규모 원정은 속전속결로 결정타를 날리는 것이 중요하다. 앞서 673년 석문 전투 이후 신라는 전국적인 축성 작업을 통해 방어망을 강화했다. 당시 상황을 《삼국사기》에서는 이렇게 전하고 있다. "군사들의 패배가 이와 같으니 어찌하면 좋겠소?" 문무왕이 묻자 김유신이 대답했다. "당나라 사람들의 모책을 알 수 없으니 군사들로 하여금 주요 요충지를 지키게 해야 하옵니다." 나당전쟁 기간 동안 신라는 당군의 공격에 적극적으로 대응하지 않았다. 당군에게 점차 보급 문제가 발생했고, 당의 국내 여론도 악화되어갔다. 이러한 상황에서 매소성과 기벌포에 나당전쟁에서 신라의 기본적인 전략은 선택과 집중이었다. 전략상 중요한 곳에는 중앙군을 집중하여 공격하고, 상대적으로 중요도가 떨어지는 곳은 그대로 방치했다. 나당전쟁이 교착상태에 있던 675년 9월, 신라는 설인귀의 상륙선단을 저지하고 매소성에 주둔해 있던 이근행 부대를 공격하여 대승을 거두었다. 그림은 용산 전쟁기념관의 매소성전투도.

〈그림 15-2〉
**매소성전투도**

서 신라가 당군을 물리쳤다. 결국 당군은 서쪽의 토번吐蕃현 티베트이 세력을 확장하자 이를 문제 삼아 한반도에서 철수하고 말았다. 신라 지도부의 유연한 대처방식이 전쟁을 승리로 이끌었다.

# 16

## 滿身瘡痍

● 온몸에 상처를 입어 의욕이 없는 상태

# 부상자 처리,
# 병사의 사기 문제와 직결

## 군대에서 반드시 필요한 존재 군의관

전라남도 장성군에는 상무대라는 군부대가 있다. 주로 초급 장교들을 교육하는 기관이다. 소위로 임관한 장교들이 모두 모여 교육과 훈련을 받는다. 상무대에서의 일정이 끝나면 부대를 배치받아 전국의 군 부대로 흩어진다. 나 역시 훈련을 마무리한 후 철도수송지원반TMO(Transportation Movement Office) 열차를 이용해 장성에서 경기도 파주로 갔다. 사단과 연대 신고식을 거쳐 다시 대대로 내려갔다. 파주시 문산읍에 위치한 문산대대였다.

보통 신임 소위들은 배치받은 대대의 사정을 잘 모른다. 문산대대로 간 첫날이었던 것 같다. 대대 본부 건물에 들어서니 상급자인 중위한 분이 계셨다. 중고등학교나 대학교 선배 중에서 한 해 선배가 가장 무서운 법이다. 군대도 마찬가지다. 소위에게 가장 무서운 계급은 중위였다. 군기가 바짝 들어 손을 들어 경례를 했다. 그런데 그 중위는 경례를 받지 않았다. 경례 구호 소리가 작아서 그런가 싶어 다시 크게 경례를 했다. 그제야 나를 빤히 쳐다보더니 거수 경례 대신 머리를 약간 숙여 목례를 했다. 이 상황은 뭐지? 혼란스러웠다. 병과 마크를 자세히 보니 대대의 군의관軍醫官이었다. 같은 장교였지만 전혀 다른 교육과 임관 과정을 거친 터라, 직접적인 상하관계보다는 협조관계가 더 우선시되는 장교였다. 그 군의관은 바이올린을 좋아했고, 대대원들에게 미소를 보이며 친절하게 진료해주었다.

우리나라의 군의관은 약 5,000명 정도로 알려져 있다. 현직 의사 가운데 병역을 마치지 않은 사람은 군의관, 공중보건의, 징병검사전담의 등으로 복무하게 된다. 일반적으로 의사 경력이 1년일 경우에는 중위로 임관하고, 3년 이상일 경우에는 대위로 임관한다. 의사들은 의과대학을 졸업하고 보통 1년의 인턴과 4년의 레지던트 과정을 거친다. 그래서 인턴을 마치고 온 군의관은 중위, 레지던트를 마치고 온 군의관은 대위로 임관한다. 바이올린을 좋아했던 그 군의관은 인턴을 마친 의사였음을 뒤늦게 알게 되었다.

군의관과 의무병은 군대에서 반드시 필요한 존재다. 위험한 훈련이나 작업이 많아서 부상자가 많이 발생하기 때문이다. 단체생활 때문에 여러 가지 질병이 쉽게 퍼지기도 한다. 간단한 부상은 대대나 연대 의무대에서 치료하고, 불가능할 경우는 국군통합병원 같은 곳으로 이

송해서 입원 치료한다. 소대원 중에 유난히 눈이 선해 보이는 병사가 있었다. 진지 공사에 쓸 벽돌을 군용트럭에 옮겨 싣다가 손가락을 다치고 말았다. 국군통합병원으로 후송되어 수술을 받았지만 손가락 하나는 완치되지 못했다. 면회를 한 번밖에 가지 못한 것이 지금까지도 마음에 걸린다.

평상시에도 적지 않은 병사들이 의무대를 이용하고 있다. 전쟁 상황에는 사상자가 대규모로 발생하기 때문에 의무대의 역할은 더욱 커진다. 지금과 같은 의무시설이나 구급약이 구비되어 있지 않던 신라 시기에는 부상자를 어떻게 치료했을까?

## 금창과 자석

전쟁이 발발하면 사망자와 부상자가 대규모로 발생한다. 일일이 부상자를 입원시키고 치료할 시간이 부족하다. 전쟁이 장기화되면 될수록 의약품 공급도 차질을 빚게 된다. 따라서 응급처치법이나 응급구호품이 자주 사용된다. 고대 전쟁터에서 가장 많이 발생하는 부상은 적군의 무기에 다치는 경우다. 적군의 칼에 베이거나 창에 찔리고, 화살에 맞아 생기는 부상이 가장 흔했다. 칼, 창, 화살촉은 모두 금속으로 되어 있기 때문에 금창金瘡이 발생한다.

조선 전기에 편찬된 《향약집성방鄕藥集成方》에 따르면, 쇠붙이에 상해서 아플 때는 말발굽을 태워 가루를 낸 후 그것을 술에 타서 마시면 효과가 있다고 한다. 적군의 무기에 몸이 상했을 때는 상처 사이로 피

〈그림 16-1〉

**법안의 사망지**

신라에 자석을 요구했던 당의 승려 법안法安은 대동강 남안에서 사망했다. 《삼국사기》에 따르면, 고구려부흥군이 패강浿江(현 대동강) 남쪽에서 당의 관리와 함께 법안을 살해했다고 한다. 법안이 사망한 곳은 확실치는 않지만, 평양성 남쪽의 토성동 인근으로 추정된다.

\* 출처: 구글어스 위성지도.

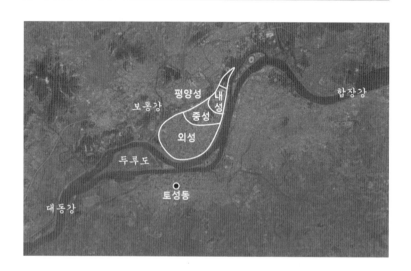

가 흘러나온다. 출혈이 심할 경우 과다출혈로 사망하기도 한다. 자석磁石을 가루로 만들어 바르면 아픔이 사라지고 피도 멎는다고 기록되어 있다. 쇠붙이에 상해서 창자가 튀어나왔을 때는 가루로 만든 자석, 곱돌, 쇳가루를 섞어 창자에 뿌리고 자석 가루를 먹으면 창자가 속으로 들어간다고 한다. 자석이 응급처치약으로서 상처 치료에 상당히 많이 활용되었음을 알 수 있다.

669년 1월, 당나라는 승려 법안法安을 보내 신라에 자석을 요구했다. 668년 고구려가 멸망한 바로 다음해의 일이다. 고구려 멸망 과정에서 대규모 사상자가 발생함에 따라 부상자들을 치료하기 위한 자석의 수요가 늘어난 것이다. 신라는 5월 기진산에게 명하여 자석 두 상자를 당나라로 가져가게 했다.

하지만 자석은 두 상자에 불과했다. 한마디로 새 발의 피다. 수만 명의 부상자를 치료하기에는 턱없이 부족한 양이다. 그리고 중국 하북 지방에는 자주磁州라는, 자석을 전문적으로 생산하는 산지가 따로 있었다. 당나라가 자석이 부족해서 신라에 요구했다고 보기 어려운 이유다. 669년은 나당전쟁이 발발하기 바로 직전이다. 신라와 당나라 사이에 미묘한 긴장감이 지속되던 시기였다. 당나라의 법안과 신라의 기진산은 기본적으로는 외교사절이었지만, 한편으로는 자석을 구실로 상대국의 상황을 정탐했을 가능성이 높다.

## 동상과 머리카락

우리나라에서 가장 높은 지대는 함경도의 개마고원蓋馬高原이다. 해발고도가 평균 1,000미터가 넘는다. 겨울 평균 온도는 영하 20도다. 한국전쟁이 한창이던 1950년 겨울, 미국 해병 1사단은 북진하다가 장진호長津湖 인근에서 중국군에 포위되어 전멸의 위기를 맞는다. 하지만 제공권을 장악한 UN군 덕분에 흥남으로 남하할 수 있었다. 이들은 중공군의 진격을 막으면서 흥남 부두에서 성공적으로 철수했다. 그 유명한 1·4후퇴다. 흥남 철수 작전은 성공했지만, 혹독한 겨울 추위

<그림 16-2>

**신라의 철광석과
인골에 박힌 화살촉**

고대 근동지방의 히타이트Hittite인들은 철광석을 고온에 녹여 양질의 철을 분리해내는 방법을 알았다. 철기 제조술은 점차 유라시아대륙으로 퍼져나갔고, 철기의 대량생산으로 인해 전쟁은 대규모화되었다. 이에 따라 전사상자의 수도 폭발적으로 늘어났다. 아래는 신라의 철광석(왼쪽)과 넓적다리 뼈(대퇴골)에 박힌 화살촉(오른쪽. 중국 베이징 수도박물관 소장)이다.

로 동상凍傷에 걸린 미군이 많았다. 장진호전투에서 7,000여 명의 사상자가 발생했는데, 그 절반은 동상환자였다.

겨울에 전쟁을 하면 병사들이 가장 많이 걸리는 부상이 바로 동상이다. 고대에는 지금과 같은 방한복이나 방한장비가 부족했기 때문에 동상환자가 더 많이 발생했다. 고려 시기에 편찬된 《향약혜민방鄕藥惠民方》에는 머리카락을 이용한 동상치료법이 소개되어 있다. 겨울에 발이나 발뒤꿈치가 트거나 터져 끊어질 듯한 증상이 보이면 머리카락 한 줌과 오동나무씨 기름 한 사발을 푹 삶는다. 오동나무씨 기름이 마르고 머리카락이 녹기를 기다렸다가 식으면 질그릇에 담아둔다. 이를 트거나 터진 발뒤꿈치에 붙여주면 곧 편안해지고 병의 뿌리를 없앨 수 있다고 한다.

사실 자석이나 머리카락을 이용한 치료법이 근본적인 치료가 되기는 어려웠다. 근대 의학이 발전하기 전까지는 상처가 덧나거나 세균 감염의 위험성이 높았다. 다만 여러 동양 의학서에서 이러한 약재들의 유용성을 언급한 점을 보면, 어느 정도 효과가 있었을 것이다. 어쩌면 플라시보Placebo와 같은 심리적인 효과가 더 컸을지도 모른다.

아무튼 국가의 전사자나 부상자에 대한 처리는 병사들의 사기 문제와 직결된다. 내가 죽거나 다치더라도 조국이 반드시 구해준다는 믿음이 있을 때 사기가 올라가는 법이다. 조국이 자신과 가족을 지켜준다고 느낄 때 자신도 기꺼이 조국을 위해 목숨을 내놓을 수 있는 것이다. 신라의 부상 치료에 대한 기록은 거의 남아 있지 않지만, 병사들의 사기 문제를 고려해 중시되었음에 틀림없다.

# 17

# 鷄鳴狗盜

● 닭 울음소리를 내고 개처럼 물건을 잘 훔친다

# 정확한 정보를 토대로
# 병사를 신중하게 운용하다

## 맹상군과 문객

중국 전국시대에는 7개의 나라가 서로 대립했다. 제, 초, 연, 한, 위,
조, 진, 이른바 전국 7웅이다. 제나라에 맹상군이라는 인물이 있었다.
그는 널리 문객門客들을 불러 모았는데 3,000명에 이르렀다고 한다.
인재를 끌어 모으면서 맹상군 자신의 명성도 높아졌다. 하루는 진나
라에서 맹상군을 초빙해 재상으로 삼고자 했다. 맹상군은 문객 몇 명
을 데리고 진나라에 도착했다. 흰 여우 가죽으로 만든 옷인 호백구狐
白裘를 진왕에게 선물로 주었다. 하지만 반대 여론이 심해 재상이 될
수 없었다. 진나라의 신하들은 맹상군을 살려보낸다면 앙심을 품을
수 있으므로 죽여야 한다고 했다.

맹상군은 진왕의 애첩을 찾아가 도움을 구했다. 애첩은 맹상군이 진왕에게 바친 호백구를 갖고 싶다고 했다. 맹상군이 어쩔 줄 몰라하자 문객 가운데 한 명이 "제가 구해오겠습니다"라고 했다. 그는 밤을 틈타 개 흉내를 내며 진왕에게 선물했던 호백구가 보관된 곳에 잠입해 몰래 훔쳐왔다. 호백구를 손에 넣은 맹상군은 진왕의 애첩에게 건네주며 다시 부탁했다. 결국 애첩의 말을 들은 진왕이 맹상군을 풀어주었다.

호백구가 사라진 것이 발각되면 맹상군은 살아남을 수 없었다. 맹상군 일행은 동쪽으로 밤낮을 달려 도망쳤다. 진나라의 동쪽 국경인 함곡관에 이르렀다. 하지만 아직 한밤중이라 관문은 닫혀 있었다. 한시가 급한 상황에 또 다른 문객이 나서며 "제가 문을 열어 보이겠습니다"라고 했다. 그는 인근 민가로 내려가 닭 울음소리를 냈다. 그러자 마을의 닭들이 그를 따라 일제히 울기 시작했다. 닭이 울자 새벽인 줄 알고 문지기들은 관문을 열었다. 맹상군은 무사히 진나라를 탈출했다. 맹상군이 진나라에서 무사히 돌아올 수 있었던 것은 닭 울음소리[鷄鳴]와 개와 같은 도둑질[狗盜] 덕분이었다.


## 첩자 조미압

서양의 스파이Spy를 동양에서는 첩자諜者라 불러왔다. 염탐하는 자라는 뜻이다. 신라의 대표적인 첩자로 조미압이라는 인물이 있다. 급찬 조미압은 부산현령夫山縣令부산夫山은 지금의 경상남도 진해 부근으로 추정됨으로 있

2014년 남해도에서 백제의 석실이 발견되었다. 백제 사비기(538~660)의
무덤과 유물이 출토되었다. 경상남도에서 최초로 백제계 무덤이 발견된 것
이다. 백제는 바다를 통한 외교나 무역이 발달했다. 그만큼 항해술이나 수
군의 수준도 높았다. 백제는 이러한 수군을 이용해 신라의 남해안을 기습
하기도 했을 것이다. 경상남도에서 발견된 백제계 무덤은 이 같은 추정을
뒷받침한다.

\* 출처: 구글어스 위성지도.

〈그림 17-1〉

**남해도와 진해**

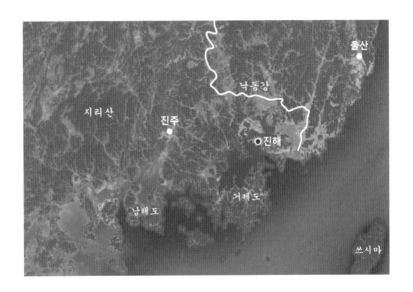

다가, 백제의 포로가 되어 좌평 임자任子의 종이 되었다고 전한다. 조
미압이 백제의 포로가 된 과정은 기록에 나와 있지 않다. 포로가 될
당시 신분이 현령이었으므로, 백제의 수군이 일시적으로 신라의 남해
안을 공격해 조미압을 납치해갔을 가능성이 높다.

아무튼 조미압은 임자의 집에서 종으로서 최선을 다했다. 부지런히

성실히 일했다. 이를 본 임자는 조미압을 점차 신뢰하기 시작했고, 나중에는 의심을 풀고 집에 마음대로 드나들 수 있도록 해주었다. 드디어 조미압은 주인의 감시를 벗어날 수 있었다. 자신에 대한 감시가 풀리자, 조미압은 그 길로 신라로 향했다. 도망친 것이다. 조미압은 경주로 돌아와 김유신을 찾아갔다. 조미압이 털어놓은 백제에 관한 얘기는 김유신의 귀를 솔깃하게 만들었다. 조미압은 백제의 최고위 관직자의 집에서 종살이를 했다. 보고 들은 정보가 많을 수밖에 없었다.

김유신은 조미압이 충성스럽고 믿을 만하다는 것을 알아차렸다. "임자任子가 백제의 일을 전담하고 있다고 들었다. 함께 의논하고 싶은 마음이 있었으나 계기가 없었다. 그대가 나를 위해 다시 백제로 돌아가줄 수 있겠나?" 조미압이 답했다. "공公께서 저를 불초不肖하다 여기지 않으시고 이렇게 일을 맡기시니 죽더라도 후회가 없습니다." 조미압은 비장한 마음으로 다시 백제로 돌아갔다. 조미압은 임자를 만났다. "저는 이미 스스로 백제의 백성이 되었다고 생각했습니다. 나라의 풍속을 알아야겠다고 여겨, 여러 날 동안 밖으로 나가 돌아다녔습니다. 개와 말이 주인을 생각하는 마음을 참을 수 없어 다시 돌아왔습니다." 임자는 조미압의 말을 믿고 책망하지 않았다.

다시 성실히 종살이를 하던 조미압은 기회를 엿보았다. 주위에 사람이 없어 속내를 털어놓을 수 있는 틈이 생겼다. "지난번에는 벌을 받을까 두려워하여 감히 바른 대로 말씀을 드리지 못했습니다. 사실은 제가 그 사이 신라에 갔다가 돌아왔습니다. 가서 김유신을 만났습니다. 김유신이 말하기를 '나라의 흥망은 미리 알 수 없는 일이오. 만일 그대의 나라가 망하면 그대가 우리나라에 의지하고, 우리나라가 망하면 내가 그대의 나라에 의지하고 싶소'라고 했습니다." 임자가 듣더니 묵묵히 아무 말이 없었다. 조미압은 일이 잘못되었다고 느꼈다. 황공히 물러나 죄 받기를 기다렸다.

두어 달 만에 임자가 조미압을 불렀다. "네가 지난번에 말한 김유신의 말이 어떤 것이냐?" 조미압이 놀라고 두려워하며 전에 말한 대로 대답했다. 임자는 "네가 전한 말을 내가 잘 알아들었다. 신라로 가서 알리거라"라고 했다. 조미압이 물러나와 신라로 가서 김유신을 만났다. 임자의 일을 전하고, 아울러 임자의 집에 머무는 동안 알게 된 백제의 여러 상황을 상세히 보고했다. 조미압이 수집한 정보 덕분에 신라의 백제 공격 계획은 더욱 완성도가 높아졌다.

오래지 않아 나당연합군이 백제를 공격하여 멸망시켰다. 백제 멸망 과정에서 좌평 임자가 어떠한 역할을 했는지는 알 수 없다. 다만 신라의 지속적인 정보 수집과 포섭 과정에서 일부 백제의 인물들이 신라에 협조했고, 이들이 넘겨준 정보가 백제 멸망에 적지 않은 영향을 미쳤음은 충분히 짐작할 수 있다. 이를 주도한 김유신은 음험한 정치가라고 평가되기도 한다. 국운을 걸고 상대국과 전쟁을 벌이던 상황에서 김유신의 행동은 과연 음험했던 것일까?

## 철저한 정보 수집, 신라를 살아남게 하다

667년 신라와 당이 고구려를 공격할 때의 일이다. 당군은 북쪽에서 중국 당나라 시기의 전선은 크게 여섯 종류가 있었다. 몽충蒙衝, 누선樓船, 투함鬪艦, 주가走舸, 해골海鶻, 유정遊艇이다. 송나라 시기에 편찬된《무경총요武經總要》에는 여섯 종류 전선의 그림과 간략한 설명이 덧붙여져 있다. 몽충은 적선과 충돌할 때 사용되었고, 누선은 가장 큰 주력 함선이었으며,

◀ 몽충蒙衝

누선樓船 ▶

◀ 투함鬪艦

투함은 중형전투함이었다. 주가는 노 젓는 인원이 많아 속도가 빨랐으며, 해골은 뱃머리가 낮고 배꼬리가 높아 풍랑에 유리했다. 마지막으로 유정은 가장 작은 소형 선박으로서 주로 정찰에 이용되었다. 크기가 작았기 때문에 전후좌우로 움직임이 빨랐다. 신라도 이와 유사한 규모의 정찰선을 이용하여 당군을 정탐했을 것이다.

주가走舸 ▶

◀ 해골海鶻

유정遊艇 ▶

신라군은 남쪽에서 진군하여 평양을 함락시킬 요량이었다. 현대와 같은 통신수단이 없었기 때문에 당군과의 연락이 쉽지 않았다. 신라군의 입장에서는 당군의 움직임을 제대로 파악하지 못한 상태에서 단독으로 고구려 영토에 들어갈 수는 없었다. 자칫 잘못했다가는 신라군의 주력을 상실하여 고구려로부터 역공을 받을 수 있었기 때문이다.

신라는 고구려 영토로 세작細作첩자의 다른 말을 파견했다. 《삼국사기》에는 신라가 세작을 세 차례 파견한 것으로 되어 있다. 이를 위해 3척의 배가 동원되었다. 각각 작은 배를 이용해 고구려 영토로 침투했다. 돌아온 세작들은 모두 "아직 당군이 평양에 도착하지 않았습니다"라고 보고했다. 신라는 단독으로 고구려 영토로 진입하지 않고 국경지대에서 대기했다. 이후 당군이 평양 공격이 여의치 않아 철수했다는 보고가 올라왔다. 신라군도 국경에서 물러나 귀환했다.

신라가 세 차례 세작을 보낸 것은 시간 순서대로 차례차례 이루어졌을 가능성이 높다. 하지만 이들을 동시에 파견했을 수도 있다. 여러 차례 혹은 동시에 여러 팀을 보냄으로써 이들의 귀환 가능성을 높였다. 그리고 이들이 가져온 첩보를 교차 검증함으로써 정보의 신뢰성도 높일 수 있었다. 채로 거를수록 고운 모래가 쌓이는 법이다.

삼국시대에는 고구려, 백제, 신라가 나라의 존망을 두고 치열한 다툼을 벌였다. 그렇기에 첩보활동이 성행할 수밖에 없었다. 신라는 백제와 고구려가 멸망한 후 당나라와의 전쟁에서도 우수한 정보망을 유지했다. 671년 1월에는 당군이 웅진도독부에 구원군을 파견한다는 첩보를 입수하고, 서해안의 옹포甕浦에 부대를 배치했다. 673년 9월에는 당군이 신라의 북쪽 변경을 침입하기 전에 미리 병선 100척을 파견해 서해를 방어하기도 했다. 675년 2월에는 당군이 말갈과 거란을 거느리고 공격한다는 보고를 받고, 사전에 부대를 배치하여 북변을 방어했다. 신라는 군사력이 넉넉하지 않아 단 한 번의 패배로도 결정적인 타격을 입을 수 있었던 터라 정확한 정보를 바탕으로 군사를 신중하게 운용했다. 이 같은 군사 운용은 신라가 마지막까지 살아남을 수 있었던 요인 중 하나가 된다.

# 18

## 暗中飛躍

● 어둠 속에서 날고 뛰듯이 활동하다

# 군사기밀의 중요성

## 컴퓨터와 암호

어릴 적 주산학원에 다닌 적이 있다. 주판으로 셈 하는 방법을 배우는 학원이다. 주판은 컴퓨터가 발달하기 전까지 물건 값을 계산하거나 장부를 정리하기 위해 흔하게 쓰던 도구였다. 지금은 휴대용 계산기나 컴퓨터가 이를 대신한다. 컴퓨터는 현대인의 삶에서 없어서는 안 되는 필수품이 되었다. 컴퓨터도 기본적으로는 셈을 하기 위해 만들어졌다. 이러한 컴퓨터 기술은 전쟁에서 크게 발달했다.

2차 세계대전 당시 독일군은 에니그마Enigma라는 암호체계를 만들어 사용했다. 독일군은 에니그마의 글자 조합이 2,000만 개가 넘어서 쉽게 해독할 수 없다고 자신했다. 하지만 영국군은 에니그마 암호를 해독하기 위해 콜로서스Colossus라는 전자식 계산기를 만들었다. 결국 영국군은 에니그마를 해독하여 독일군의 움직임을 사전에 파악할 수 있었다. 이후 미국에서 에니악ENIAC이라는 디지털 컴퓨터를 개발하고 IBM사에서 업무용 컴퓨터를 제작하면서 컴퓨터는 급속히 보급되기 시작했다.

컴퓨터를 이용한 암호는 지금도 만들어지고 있고, 그 암호를 해독하기 위해 다시 컴퓨터가 이용되고 있다. 암호暗號. 글자 그대로 당사자들끼리 몰래 사용하는 부호나 기호를 의미한다. 고대에는 정보가 제한되고 통신수단이 미비했기 때문에, 명령이 제대로 전달되지 않으면 군사를 움직이기 어려웠다. 중국에서는 새 같은 동물이 활용되기도 했다. 중국군은 지금도 군조軍鳥라 하여 비둘기를 군사용으로 사육하고 있다. 하지만 이는 어디까지나 부차적인 수단이다. 가장 확실한 방법은 믿을 만한 사람을 통해 직접 전달하는 것이다.

## 송아지와 난새, 암호로 소통하다

신라와 당나라가 나당연합군을 형성해 고구려를 공격할 때의 일이다. 김유신이 당군에 전령을 보내 합류 시기를 물어보았다. 당군의 소정방은 종이에 송아지[犢]와 난새[鸞]를 그려 보냈다. 난새는 중국 전설 속의 새로서 5가지 색깔이 섞여 있다고 한다. 왜 하필이면 송아지와 난새인가? 그 의미를 몰라 원효법사에게 물었다. 답하기를 "속히 군사를 돌리라는 뜻입니다. 종이에 송아지와 난새를 그린 것은 반절半切을 의미합니다"라고 했다.

송아지와 난새를 그린 것을 화독화란畫犢畫鸞이라 한다. 반절음은 앞의 음과 뒤의 음을 합쳐서 읽는 방식이다. 예를 들어 '서울'을 반절음으로 읽으면 앞의 자음 "ㅅ"과 뒤의 모음 "울"을 합쳐 '술'이 된다. '장안'을 반절음으로 읽으면 "ㅈ"과 "안"을 합쳐 '잔'이 된다. 이러한 방식으로 '화독'을 반절음으로 읽으면 "혹"이 되고, '화란'을 읽으면 "환"이 된다. 이렇게 조합된 혹환을 속환速還으로 풀이했다고 알려져 있다. 속환, 즉 군사를 빨리 돌리라는 뜻이다. 그런데 환還은 돌리다의 뜻이 맞지만 '혹'에 해당하는 단어는 마땅히 없다. 당시 혹과 속이 뜻이 통했을 것이라는 정도의 추론만 있다.

소정방이 신라 사람들을 위해 친절하게 신라어로 암호를 만들었다고 보기는 어렵다. 신라어로 암호를 작성했다가 자칫 고구려군에게 누설된다면 당군과 신라군 모두 곤경에 처할 수 있다. 그래서 소정방은 의도적으로 중국어 방식으로 암호를 만든 것 같다. 당시 당군에서 사용하던 암호 중 하나를 선택했을 가능성이 높다.

신라군이 해독을 하지 못해 원효법사를 불러 자문을 구했다는 점을 떠올려보자. 원효는 의상과 함께 당나라에 유학하기 위해 요동까지 간 적이 있다. 그곳에서 국경을 지키는 군사에게 첩자로 의심받아 수십 일간 붙잡혀 있었다. 겨우 풀려나 신라로 돌아왔다. 10년 후 원효는 다시 의상과 함께 바닷길을 통해 당나라로 가고자 했다. 가던 도중 해골에 고인 물을 마시고 '진리는 밖에서 찾을 것이 아니라 자기 자신에게서 찾아야 한다'는 깨달음을 얻었다. 결국 의상과 헤어져 홀로 다시 돌아왔다. 이러한 행적에서 볼 때 원효는 한자뿐만 아니라 중국어에도 능통했던 것으로 보인다.

화독화란을 반절음으로 읽어보자. 화畵는 중국어 발음으로 hua로, 독犢은 du로 읽힌다. 두 글자를 반절음으로 읽으면 hu가 되었을 것이다. 다시 화畵는 hua로, 란犢은 luan으로 읽힌다. 반절음으로 읽으면 huan이 된다. 즉 소정방이 보내준 반절음으로 중국어 hu huan이라는 단어가 생성된다. 암호문에는 실생활에서 주로 사용하는 단어를 이용해 연상이 가능하도록 했을 것이다. 먼저 huan은 환還의 발음과 같다. 환을 중국어로 읽으면 huan이다. 다음으로 hu는 호互가 아닐까 한다. 호는 서로라는 뜻이다. 호환互還, 즉 서로 돌리자는 뜻이다. 당군과 신라군이 합류하지 않고 서로 군사를 돌려 귀환하자는 것이다.

화독화란 이야기는 《삼국유사》에 실려 있어 설화적 요소가 강하다. 그리고 당시 중국어 발음과 현대의 중국어 발음이 같다는 보장도 없다. 하지만 당군이 그림을 이용하여 문자 암호를 작성하던 정황은 분명히 알 수 있다. 신라도 나름의 암호 작성 원칙을 만들어 사용했음에 틀림없다.

## 강심, 군사기밀의 중요성을 알려주다

667년 10월, 나당연합군이 고구려를 공격하기 위해 출병했다. 당군은 남하하여 평양성 북쪽 200리 되는 지점에 진영을 마련했고, 신라군은 북상하여 황해도 인근까지 올라왔다. 이 때 당군의 사령관은 이적李勣이었다. 이적은 668년에 고구려를 멸망시키는 인물이다. 원래 이름은 당군은 평양 북쪽 200리 지점에 도착한 것으로 되어 있다. 평양에서 80킬로미터 북쪽은 현재의 청천강 북안이다. 이곳에서 당군은 강심을 파견했다. 신라군이 있는 곳까지 가장 빠른 길은 강동과 수안을 경유하는 해곡도海谷道였지만, 고구려군에게 노출될 위험이 컸다. 강심은 오른쪽으로 크게 우회하여 아진함성(안협)을 경유해서 신라군 진영에 도착했다.

* 출처: 구글어스 위성지도.

서세적徐世勣이었으나, 군공으로 이씨 성을 하사받았다. 그런데 당 태종의 이름이 이세민李世民이기 때문에, 황제가 사용하는 '세世'를 피하기 위해 이적이 되었다. 그의 손자는 이경업李敬業이었는데, 나중에 반란을 일으켜 다시 서경업으로 이름이 바뀌었다.

아무튼 이적은 신라군에게 사신을 보내 출병일을 독촉했다. 당시

**개구리를 따라가는 뱀과
개구리를 잡아먹는 뱀**

사진은 국립경주박물관에서 소장하고 있는 뱀 토우다. 뱀이 개구
리를 잡아먹기 위해서는 소리 없이 몰래 다가가야 한다. 비밀이
나 정보의 전달은 그만큼 보안이 생명이다. 기밀이 유출될 경우
피해는 고스란히 조직에게 되돌아온다. 군대뿐만 아니라 회사에
서도 해킹이나 산업스파이를 조심해야 하는 이유다.

이직의 사신으로 온 사람은 신라인이었다. 대나마大奈麻 강심江深이 거란 기병 80여 명을 이끌고 아진함성을 경유해 왔다. 아진함성은 지금의 강원도 서북부 지역으로 서쪽이 황해도와 인접해 있다. 출병기일은 군사기밀이었기 때문에 고구려군에게 알려지면 곤란했다. 그래서 강심은 평양 쪽으로 곧장 남하하지 않고, 오른쪽으로 크게 우회하여 신라군 진영으로 왔던 것이다.

강심을 만난 신라군은 기일에 맞추기 위해 황해도 수안으로 북상했다. 수안에 도착한 신라군은 당군이 이미 철수했다는 소식을 들었다. 신라군도 더 이상 북상하지 않고 군사를 돌려 귀환했다. 문무왕은 이 적의 편지를 전해주었던 강심에게 포상했다. 관등을 급찬으로 한 등급 올려주고 곡식 500석을 하사했다. 중요한 군사기밀을 위험을 무릅쓰고 전해준 데 대한 포상이었다.

《손자병법》〈구지편九地篇〉에는 장수가 해야 할 일이 언급되어 있다. "장수는 침착하고 냉정해야 하며 바르게 다스려야 한다. 그리고 병사들의 이목을 돌려 기밀에 관해서는 알지 못하게 해야 한다." 현대에도 고급기밀은 철저히 보안을 유지해야만 한다. 현대전은 정보전이라 해도 과언이 아니다. 그런 만큼 첩보 수집과 정보 확보가 중요하다. 일반적으로 첩보는 확인되지 않은 내용을 말하며, 정보는 확인된 사실을 의미한다. 기밀을 유지해야 하는 정보는 숨기고, 공개 가능한 정보는 병사들에게 가급적 많이 제공하는 것이 좋다. 병사들이 언제 어떤 훈련을 하는지 잘 인식하게 하여, 능동적인 참여를 유도할 필요가 있기 때문이다.

# 19

秣馬利兵

말을 배불리 먹이고 병기를 날카롭게 간다

말마이병 林馬利兵

# 신라의 병역 제도

## 이면지와 신라촌락문서

이면지 사용은 자원 재활용 측면에서 바람직한 일이다. 대부분의 사무실에서는 이면지 상자를 따로 만들어 보관한다. '이면지 활용'이라는 도장을 찍어 이면지임을 표시하기도 한다. 이면지가 광범위하게 사용되다 보니 이와 관련하여 여러 가지 일들이 발생한다. 레이저 프린터의 경우 이면지를 많이 사용하게 되면 고장이 잘 난다. 그리고 주요 문서를 별 생각 없이 이면지에 출력했다가 내부 기밀이 외부로 유출되어 곤란을 겪기도 한다.

통일신라 시기 지방 촌락의 모습을 기록한 문서가 있다. 보통 신라촌락문서新羅村落文書라고 하는데, 신라민정문서新羅民政文書 혹은 신라

장적新羅帳籍 등으로도 불린다. 당시 서원경청주이 관할하던 지방 촌락의 인문지리적인 내용이 담겨 있어 통일신라 사회를 이해하는 데 아주 중요한 문서다. 그런데 이 문서는 우리나라가 아니라 일본에 있다. 1933년 10월, 일본 도다이지東大寺의 쇼소인正倉院에 보관되어 있던 《화엄경론질華嚴經論帙》이라는 책을 수리하다가 발견되었다.

책을 만들 때는 내용이 적힌 내부를 보호하기 위해, 내부를 감쌀 수 있는 표지를 만든다. 고대에는 삼베나 종이를 여러 겹 덧붙이는 방법을 사용했다. 《화엄경론질》은 13매로 구성되어 있는데, 이를 보호하기 위해 내부 속지를 끼워두었다. 종이를 여러 겹 덧붙인 내부 속지 중의 하나가 신라촌락문서였다. 신라에서 쓸모없어진 종이가 일본으로 가서 책을 보호하는 속지의 일부로 재탄생한 것이다. 요즘 말로 하면 이면지 재활용이라고 할까? 아무튼 신라촌락문서는 사진 촬영 후 원래 있던 속지의 일부로 되돌아갔다.

신라촌락문서에서는 사람을 나이에 따라 소小, 추追, 조助, 정丁, 제除, 노老 6단계로 나누었다. 아직 어려서 차출하지 못하는 아이 단계(소), 충분히 따라다닐 만한 어린이 단계(추), 어느 정도 도움을 줄 수 있는 청소년 단계(조), 노동력을 제공할 수 있는 성년 단계(정), 나이가 많아 노동력 동원에서 제외되는 장년 단계(제), 사회의 보호를 받아야 하는 노년 단계(노)다. 기본적으로 주민들의 노동력을 징발하거나 군대에 차출하기 위한 목적으로 구분했다.

8세기 일본에서는 양로령養老令이라는 법령이 제정·반포되었다. 이 양로령에서는 사람을 1~3세, 4~16세, 17~20세, 21~60세, 61~65세,

66세 이상 6단계로 구분했다. 신라촌락문서에 나오는 6단계와 일치한다. 일본의 양로령은 기본적으로 당나라의 법률을 모방했지만, 신라의 영향도 상당히 받은 것으로 알려져 있다. 당나라의 나이 구분이 5단계인 것을 감안하면 일본의 6단계 구분법은 신라의 방식이었을 가능성이 높다. 이런 점에서 봤을 때 신라의 나이 구분은 일본 양로령과 비슷했을 것이다.

## 신라의 군역제, 전시 총동원 체제로 정비되다

7세기 신라는 삼국을 통일하고 나당전쟁을 수행하기 위해 총력을 기울였다. 하지만 물자와 인구가 당나라에 비해 턱없이 부족했다. 일반적으로 고구려의 인구는 150만 명, 백제의 인구는 100만 명, 신라의 인구는 100만 명 정도로 추산된다. 신라는 삼국을 통일하면서 백제 지역을 통합하고 고구려 남부를 흡수했다. 삼국을 통일한 신라의 인구는 대략 250만 정도로 보고 있다. 당시 당나라의 인구는 5,000만 명에 육박했다. 신라보다 20배나 많은 수였다.

　성인 남성만으로 당나라와 맞서는 것은 현실적으로 어려웠다. 이에 청소년집단이었던 화랑이 나당전쟁을 전후하여 신라 정규군 내로 적극 편입되었다. 기록에는 남아 있지 않지만, 상당수의 청소년들은 노동력도 제공해야 했을 것이다. 부족한 인구로 인해 신라에서는 성인이 되는 기준 연령이 낮아졌다. 나당전쟁이 한창이던 시기 당나라의 장수 설인귀는 신라 왕에게 편지를 보내 "(신라는) 집집마다 병사를 신라는 삼국을 통일한 후 지방을 9주州 5소경小京으로 개편했다. 원신라 지역에 강주, 상주, 양주를 설치하고, 원백제 지역에 무주, 웅주, 전주를 설치했으며, 원고구려 지역에 명주, 삭주, 한주를 설치했다. 삼국에 각 3개주씩 편성했던 것이다. 원가야 지역에 금관경(김해), 원백제 지역에 남원경(남원)과 서원경(청주), 원고구려 지역에 중원경(충주)과 북원경(원주)을 설치하여 수도 경주를 보완하도록 했다.

* 출처: 구글어스 위성지도.

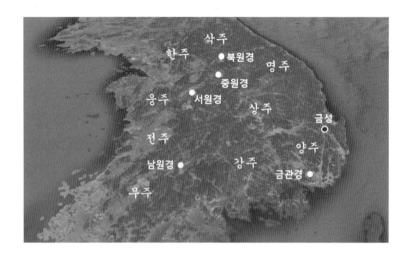

징발하고 매해 무기를 드니, 과부가 곡식을 운반하고 어린이들이 둔전屯田을 하고 있소"라고 비꼬았다. 신라의 장정들이 모두 전쟁에 참가하게 되면서 아녀자들이 곡식을 운반하고 어린아이들이 농사를 짓고 있다는 것이다. 과부와 어린아이들이 전쟁에 동원된 모습이 눈에 선하다. 과장된 부분이 없지 않지만, 당시 신라가 얼마나 당나라와의 전쟁에 총력을 기울였는지 알려주는 대목이다.

거대한 적을 앞에 두고 신라는 전 국민을 직·간접적으로 동원할 수 있는 체제를 만들었다. 전시 총동원을 위한 이러한 체제는 전쟁 후에도 그대로 지속·관리되었다. 일반적으로 군역제軍役制는 군사 징발 제도를 말한다. 국가 방위를 위해 군인이 될 자원을 차출하고, 대규모 토목공사를 수행하기 위해 전국의 민民들을 교대로 징발하는 것이다. 지금의 병역兵役 제도와 유사하다. 신라는 통일전쟁기 전국의 민을 총동원했던 경험을 바탕으로 군역제의 정비를 서둘렀다.

군역의 징발 방식은 다음과 같다. 군역이 부과되는 해당 촌락을 3년 단위로 돌아가면서 지정하고, 지정된 해당 촌락에서 각 호戶당 1명씩 징발했다. 해당 촌락에 일정한 토지를 할당하여 군역에 따른 경제적 부담을 덜어주도록 했다. 지방 관청은 토지와 인정人丁의 수를 참작하여 군역 대상자를 선발했다. 군역에는 대체로 15~60세의 장정들이 징발되었으며, 복무기간은 대략 3년 정도였다. 하지만 전쟁이 장기화되거나 대규모 토목공사가 많아질 경우 복무기간은 더 늘어났을 것이다.

군인으로 징발된 장정들은 수도의 경비와 변방의 방어 등에 동원되었다. 이들은 임무에 따라 전투부대원과 전투지원부대원으로 나뉘어 편성되었다. 지금의 현역병 제도와 비슷하며, 신라의 정규군이었다. 한편 군역 징발의 대상에 들지 않은 일반 촌락의 민들도 국가에 의해 동원되었다. 이들은 비정기적으로 단기간 차출되어 군역 대상자로 구성된 주력부대를 보조하는 역할을 수행했다. 이는 국가가 필요에 따라 민의 노동력을 대가 없이 징발하는 요역徭役에 해당된다. 당시 신라의 역제役制가 군역과 요역으로 나뉘어 운용되었음을 알 수 있다.

## 군역 면제와 대체 군역이 가능했던 신라

공인公人이라 불리는 사람들은 인지도만큼이나 말이나 행동이 조심스럽다. 정치인이나 연예인은 더욱 그러하다. 말 한마디 행동 하나에 대중들의 인기와 관심이 오르락내리락한다. 이들의 병역 관련 문제는 단골메뉴다. 압도적으로 앞서나가던 대선후보가 아들의 병역 문제로 한순간에 추락한 예가 있다. 인기 절정이던 한 남성가수는 병역을 기피한 후 우리나라로의 입국 자체가 거부되기도 했다. 군대를 경험한 남성들은 멀쩡한 사람이 의도적으로 병역을 기피할 경우 극단적으로 싫어하는 경향을 보인다.

하지만 어쩔 수 없이 군대에 가지 못하는 경우도 많다. 신라의 경우도 마찬가지였다. 대표적으로 잔질殘疾, 폐질廢疾, 독질篤疾에 걸린 사람은 군역에서 면제되었다. 잔질은 한쪽 눈이 보이지 않거나 양쪽 귀가 들리지 않는 상태, 손가락 2개 혹은 발가락 3개가 없는 상태, 손이나 발에 엄지가 없는 상태, 목이나 발에 큰 혹이 난 상태, 독창에 걸려 머리카락이 없는 상태, 심한 피부병에 걸린 상태 등을 말한다. 폐질은 천치, 벙어리, 난쟁이, 꼽추, 팔이나 다리 중 하나를 못 쓰는 상태를 이른다. 독질은 나병, 간질, 팔과 다리 사지 중 둘을 못 쓰는 상태, 양쪽 눈이 보이지 않는 상태를 의미한다. 잔질이 2가지 이상인 사람은 폐질로, 폐질이 2가지 이상인 사람은 독질로 분류했다. 군대에서 요구하는 노동력을 상실한 경우 군역 면제 대상자가 되었던 것이다.

《삼국사기》에는 설씨녀의 기록이 남아 있다. 진평왕 시기 설씨녀의 신라는 나당전쟁을 앞두고 전시 총동원을 위한 군역제를 실시했다. 그러나 어쩔 수 없이 군역을 이행할 수 없는 이를 위해 군역을 대신하는 다른 제도도 마련해두었다. 이는 《삼국사기》〈열전〉(제48권13)에 수록된 '가실과 설씨녀 설화'에서 확인 가능하다.

아버지가 변방 지역으로 번番을 가게 되었다. 설씨녀는 아버지가 늙고 병들어 차마 멀리 보낼 수 없었고, 자신 또한 여자의 몸이라 대신 갈 수도 없었다. 평소 설씨녀를 흠모하던 사량부의 가실이라는 청년이 설씨녀 아버지 대신 변방으로 떠나고, 돌아오면 혼인하기로 약조했다. 원래 3년이면 군사를 교대해야 했지만

薛氏女栗里民家女子也雖寒門單族而顏色
端正志行脩整見者無不歆艷而不敢犯真平
王時其父年老番當防秋於正谷女以父衰病
不忍遠別又恨女身不得侍行徒自愁悶沙梁
部少年嘉實雖貧且窶而其養志貞男子也嘗
悅美薛氏而不敢言聞薛氏憂父老而從軍遂
請薛氏曰僕雖一懦夫而嘗以志氣自許願以
不肖之身代嚴君之役薛氏甚喜入告於父
引見曰聞公欲代老人之行不勝喜懼思而以
報之若公不以愚陋見棄願薦幼女子以奉箕

당시 나라 사정으로 6년이 흘러버렸다. 가실이 돌아오지 않자 아버지는 설씨녀를 다른 남자와 혼인시키려 했다. 결국 다른 사람과 혼인하려던 날 가실이 돌아왔고, 둘은 다시 만나 일생을 해로했다. 신라에 병역을 대신할 수 있는 제도가 있었음을 알려주는 이야기다.

# 20

星旗電戟

별처럼 많은 깃발과 번쩍이는 창

# 깃발,
# 부대의 상징

## 휘장, 부대의 상징

〈더 이글The Eagle〉이라는 영화가 있다. 2011년에 개봉한 영화로 로마의 제9군단이 주요 소재다. 로마의 1개 군단Legion은 6,000명으로 편성되었다. 100명으로 구성된 백인대Centuria 6개가 합쳐져 하나의 대대Cohort가 되었다. 대대 10개가 합쳐져 하나의 군단을 형성했다. 6,000명의 제9군단은 브리타니아<sup>영국</sup>에 주둔하다가 갑자기 역사 기록에서 사라져버렸다. 제9군단의 실종은 로마사에서 흥미로운 주제 중의 하나다. 이에 〈마지막 군단The Last Legion〉(2007), 〈센츄리온Senturion〉(2010) 등의 영화가 제작되었다. 〈더 이글〉에서는 주인공이 제9군단의 잃어버린 황금휘장을 찾아 나선다. 로마군단의 상징은 바로 독수리Eagle 휘장이다. 로마군은 부대의 상징을 목숨보다 더 소중히 여겼다.

신라의 장군들은 깃대 위에 화花라는 장식품을 달았다. 장군화의 소재는 기록에 남아 있지 않다. 장군의 등급에 따라 구분이 있었는데, 대장군의 화는 3개, 상장군의 화는 4개, 하장군의 화는 5개였다. 대장군의 화는 길이가 9치약 27.3센티미터, 너비가 3치 3푼약 10센티미터이었고, 상장군은 길이가 9치 5푼약 29센티미터, 하장군은 길이가 1자약 30.3센티미터였다. 장군의 등급이 내려갈수록 장식품의 개수가 더 많아지고 길이도 더 길어진다. 최고 사령관인 대장군의 화가 가장 적은 것은 아마 적군의 눈에 잘 띄지 않기 위함일 것이다.

신라의 장교들은 화花와 영鈴을 사용했다. 대감大監의 화는 호랑이 뺨가죽으로 길이 9치, 너비 2치 5푼약 80밀리미터이다. 영은 황금인데 둘레가 1자 2치약 36센티미터다. 제감弟監의 화는 곰의 뺨가죽으로 길이 8치 5푼약 25.8센티미터이다. 영은 백은인데 둘레가 9치다. 소감少監의 화는 수리꼬리다. 영은 백동인데 둘레가 6치약 18.2센티미터다. 대척大尺의 화는 수리꼬리다. 영은 철인데 둘레가 2치약 6.1센티미터다.

이들이 사용한 화는 호랑이 뺨가죽, 곰 뺨가죽, 수리매 꼬리다. 신라인들이 호랑이, 곰, 수리를 용맹한 짐승으로 여겼음을 알 수 있다. 사용한 방울의 재질은 황금, 백은, 백동, 철인데 금속의 종류에 따라 위계를 달리했다. 장교들이 장군과 달리 영이라는 방울을 사용한 것은 직접 부대를 지휘하고 인솔했기 때문인 것으로 보인다. 병사들의 주의를 끌 필요가 있었던 것이다. 이외의 장교들도 화가 정해져 있었는데 호랑이 꼬리가죽, 곰 가슴가죽, 곰 앞다리가죽 등이 사용되었다.

모든 신라군은 부대의 소속을 나타내는 휘장徽織을 군복에 부착했다. 휘장은 반달 모양이며 청색, 적색, 녹색 등 여러 색깔로 구분하여 사용했다. 각각의 크기와 부착 위치는 알 수 없다. 다만 가슴과 등에는 주로 갑옷을 착용하기 때문에 상반신 가운데 노출되는 팔부위에 휘장을 부착했을 가능성이 있다. 반달[半月] 모양 휘장은 신라 왕궁이 위치했던 경주 반월성의 모양을 본뜬 것으로 여겨진다. 신라군은 모두 국왕의 병사들이라는 의미다.

## 낭비성전투와 김유신, 깃발을 빼앗다

낭비성娘臂城전투 때의 일이다. 629년 8월, 신라는 고구려와의 접경지대에 위치한 낭비성을 공격했다. 신라군을 인솔한 장수는 김용춘과 김서현이었다. 김용춘은 후에 태종무열왕이 되는 김춘추의 아버지였고, 김서현은 김유신의 아버지였다. 미래 권력의 탄생 순간이다. 신라군의 공격은 순조롭지 않았다. 신라군이 다가오자 고구려군은 성을 나와 들판에 진영을 구축했다. 신라군이 한 차례를 공격을 시도했으나 패하고 말았다. 고구려의 군세가 매우 왕성하여 신라 병사들이 보고 두려워했다. 신라군의 사기가 점점 떨어지고 있었다.

이 때 김유신이 나섰다. 아버지 김서현 앞으로 나아가 투구를 벗고 말했다. "지금 우리 군사가 패했습니다. 제가 평생에 충효를 기약했

〈그림 20-1〉

**낭비성의 위치**

낭비성의 위치는 명확하지 않다. 일반적으로 청주 지역의 상당산성으로 비정해왔으나, 최근에는 파주의 칠중성 혹은 포천의 반월산성으로 비정되고 있다. 여러 역사서에 낭비성은 청주 지역이라고 되어 있지만, 당시 신라와 고구려의 국경이 임진강 일대인 점을 감안하면 납득하기 어려운 부분이 있다. 낭비성의 위치 비정을 떠나, 이곳에서 김유신 가문이 고구려와 대립하면서 성장한 점은 분명하다.

\* 출처: 구글어스 위성지도.

으니, 싸움에 임하여 용맹하지 않을 수 없습니다. 제가 듣기로는 옷깃을 떨쳐야 옷이 반듯해지고, 벼리를 들어야 그물이 펴진다고 했습니다. 제가 벼리와 옷깃이 되겠습니다." 이내 말을 타고 칼을 빼어들어 고구려 진영으로 향했다. 고구려의 참호를 뛰어넘어 적의 진영에 들어갔다 다시 나오기를 세 차례 거듭했다. 들어갈 때마다 적장을 베거나 석기를 빼앗아 돌아왔다. 이를 지켜보던 신라군은 함성을 내질렀다. 신라군의 사기가 급속히 올라갔다. 김용춘과 김서현은 총공격 명령을 내렸다. 신라군이 승세를 타서 북을 치고 고함을 지르며 진격했다. 결국 고구려군 5,000여 명을 죽이고 1,000명을 사로잡는 대승을 거두었다.

　낭비성전투는 김유신이 장수로서 등장하는 첫 무대였다. 홀로 적진에 뛰어들어 고구려군을 휘저으면서 떨어진 신라군의 사기를 북돋았다. 아버지와 같이 출전하여 크게 이김으로써 김유신 집안의 명망이 상승하는 계기가 되었다. 이 낭비성전투에서 김유신은 적진에 들어갔다가 나올 때마다 적장의 목을 가져오거나 적의 깃발을 가져왔다고 한다. 황산벌전투에 참가한 관창도 "제가 적진에 들어가 장수의 목을 베지 못하고 적의 깃발도 빼앗아 오지 못한 것은 죽음을 두려한 것이 아니겠습니까?"라고 말하며 다시 적진으로 뛰어들어 전사했다. 깃발이 장수의 목숨에 버금가는 위치에 있었음을 알 수 있는 대목이다. 진영의 운용은 지휘관을 통해 이루어지는데, 장수가 죽거나 부대 깃발이 사라질 경우 혼란이 초래될 수밖에 없다. 삼국시대에도 깃발이 부대의 상징으로 중시되었음을 잘 보여주고 있다.

## 통일기 신라의 핵심 군단 9서당의 휘장

《삼국사기》〈범군호조凡軍號條〉에는 통일기 신라의 23개의 군부대 명칭이 기록되어 있다. 6정停, 9서당誓幢, 10정停, 5주서州誓 등이 그것이

청동간두령青銅竿頭鈴은 장대 위에 꽂는 청동으로 만든 방울이다. 방울과 장대가 결합하는 부분에 테두리를 만들었으며, 전체적으로는 포탄형이다. 소리를 내는 주술적 의례용기라고 할 수 있지만, 이를 군대에서 사용했을 가능성이 높다. 그렇다고 하면 신라의 장교들이 사용한 방울이었을 것이다. 이와 더불어 말에게도 방울을 달아 승마자의 신분과 위엄을 나타냈다.

다. 이 가운데 9서당은 6정 다음에 기록되어 있으며, 금색衿色에 의해 구별되는 획일적인 부대 명칭을 가지고 있다. 9서당에 편제된 군관의 수가 다른 군단보다 많으며, 주요 군관들을 모두 포함하고 있다. 이 때문에 9서당은 통일기 신라의 핵심적인 군단으로 파악되고 있다.

9서당은 신라인 부대 3개녹금서당, 자금서당, 비금서당, 고구려인 부대 3개황금서당, 벽금서당, 적금서당, 백제인 부대 2개백금서당, 청금서당, 말갈인 부대 1개흑금서당로 구성되어 있다. 삼국을 통일한 후 신라의 영역 내로 들어오게 된 고구려·백제·말갈의 유민들을 포괄한 것이다.

중국 주나라의 관직 제도를 기록한 《주례周禮》〈사상조司常條〉에 따르면, 9개의 깃발에 서로 다른 상징물을 만들어 서로를 분별했다고 한다. 9서낭의 부대 명칭에서 공통적으로 사용되고 있는 단어는 금衿 옷깃이나 옷고름 혹은 띠 같은 것을 두른다는 의미이다. 그리고 금 앞에 놓여 부대를 구분하는 단어는 녹綠, 자紫, 백白, 비緋, 황黃, 흑黑, 벽碧, 적赤, 청靑이다. 즉 녹색, 자색자주, 백색, 비색진분홍, 황색, 흑색, 벽색진파랑, 적색, 청색이다. 9서당의 명칭에서 색깔이 이들 부대를 구분하는 기준이 되고 있음을 알 수 있다. 각 부대별 색깔은 부대를 상징하는 부대 깃발은 물론이고 각 개인별로 부착하는 휘장에도 그대로 적용되었을 것이다.

현재 특전사의 경우 1여단은 독수리, 3여단은 비호, 5여단은 흑룡, 7여단은 천마, 9여단은 귀성, 11여단은 황금박쥐, 13여단은 흑표 휘장을 부착한다. 해병대의 경우는 1사단은 황룡, 2사단은 청룡, 6여단은 흑룡 휘장을 사용한다. 이러한 부대의 휘장이나 회사의 로고는 구성원들의 자긍심을 유도할 수 있다. 대외적으로 보이는 휘장이나 로고의 디자인에도 세심한 배려가 필요한 법이다.

# 21

# 鼓進金退

북을 두드리면 나아가고 징을 치면 물러난다

# 신라의 부대 편성,
# 어떻게 이루어졌나

## 고대의 부대 편성과 운용

612년 수나라 양제가 백만대군을 동원해 고구려를 공격했다. 기록에
는 113만 3,800명이라고 되어 있다. 숫자가 상당히 구체적이어서 믿
을 만하다. 군수물자 생산과 수송을 위해 동원한 인원까지 포함하면 2
백만 명이라고 해도 과언이 아니다. 수양제는 하루에 한 부대씩 40리
간격으로 출발시켰는데, 총 40일이 소요되었다. 현대에도 부대의 편
성과 이동은 많은 준비와 연습이 필요한 법이다. 고대에는 대규모 부
대를 어떻게 편성하여 운용할 수 있었을까?

고대의 병종兵種은 크게 육군과 수군으로 나뉜다. 고대에는 수군이
제대로 발달하지 못했기 때문에 육군이 주력 병종이었다. 수군은 육

군을 실어 나르거나 물자를 운반하는 지원군의 형태로 많이 활용되었다. 육군은 다시 말을 타는 기병과 걸어 다니는 보병으로 나뉜다. 유목민족의 경우 기병이 우세하고, 농경민족의 경우 보병이 우세한 편이다. 점차 기병과 보병을 혼성해서 편성함으로써, 서로의 장점을 살리고 단점을 보완하는 방향으로 나아갔다. 이후 전쟁이 대규모화되면서 병과兵科가 다양해지고 분화되기 시작한다.

일반적으로 부대는 직접 전투를 하는 전투부대와 전투를 지원하는 전투지원부대로 구분된다. 전투부대는 기병과 보병으로 나뉜다. 기병은 가벼운 무장을 하고 속도가 빠른 경기병과 중무장을 하고 충격력을 줄 수 있는 중기병으로 나눌 수 있다. 보병은 활을 사용하는 궁병, 노를 사용하는 노병, 창을 사용하는 창병 등으로 구성되었다. 전투지원부대는 치중병輜重兵이라 불렸는데, 주로 군수품 수송을 담당했다. 여기에는 수군이 포함되기도 했다.

## 신라의 행군 편성, 당의 제도 수용 후 독자적으로 발전

여러 병종과 병과를 건제 단위로 편성한 대규모 부대 단위가 행군行軍이다. 행군은 주로 1~3명의 장군이 사령관으로 임명되어 독립적인 단위로 임무를 수행할 수 있었다. 독립 행군이 편성되어 원정을 하거나 다수의 행군들이 유기적으로 공격작전에 투입되기도 했다.

당나라의 행군 편성을 참조해보자. 하나의 행군은 표준병력이 2만 명이었다. 행군은 크게 전투병 1만 4,000명과 전투지원병[輜重兵] 6,000

병으로 구분했는데, 전체 병력의 30퍼센트를 전투지원병으로 구성했다. 전투병 1만 4,000명 가운데 4,000명은 기병으로 편성했다. 그리고 궁병, 노병, 창병이 4,200명, 기습 및 돌격병이 5,800명으로 구성되었다. 기병에서 제외된 1만 명 가운데 기습과 돌격을 주임무로 하는 부대가 있기 때문에 여기에도 적지 않은 기병이 포함되어 있었다. 하지만 이러한 행군 편성은 표준적인 모델을 제시한 것일 뿐, 실제로는 병력수와 병과가 균일하지 않았다. 부대의 임무, 배속된 지휘관과 부대, 전투 상황에 따라 행군의 편성은 가변적이었다.

신라의 경우 나당연합군을 형성하면서 당의 영향을 많이 받았다. 공동작전을 원활히 수행하기 위해 부대 편성 방식을 어느 정도 통일할 필요가 있었기 때문이다. 신라는 당의 행군 제도를 도입하여, 장군을 총관總管이라 부르고 행군의 명칭도 부여했다. 신라가 당의 행군 제도를 수용한 것은 사실이지만, 당의 방식을 그대로 받아들인 것은 아니다. 당의 경우 행군의 명칭을 부여할 때 공격 대상지를 중심으로 명명한다. 당이 고구려를 공격할 당시 평양도행군, 패강도행군, 부여도행군 등이 편성되었다. 반면 신라의 경우는 당과 달리 경유지를 기준으로 행군명을 정했다. 고구려 공격 시 비열도행군, 하서주행군, 한성주행군 등으로 편성한 데서 확인 가능하다. 이는 신라가 당의 제도를 수용하면서도 독자적인 제도로 변용한 사례다.

신라는 대규모 원정에 장군 30명 내외와 병사 5만여 명을 동원했다. 신라 장군의 경우 등급이 분화되어 있었으므로, 하급장군은 1,000명, 중급장군은 1,500명, 상급장군은 2,000명 내외를 거느린 것으로 여겨진다. 장군 1명당 1,500명을 인솔하고 그 중 치중병이 30퍼센트를 차지한다고 가정해보자. 통일기 신라의 전체 장군수는 36명이므로 전투병 5만 4,000명과 전투지원병 1만 6,200명으로 구성된다. 총 7만 200명이 된다. 나당전쟁기에는 백제와 고구려의 유민을 흡수하여 7~8만명까지 운용이 가능했다. 강제로 징발할 경우 10만 명까지는 동원할 수 있었을 것이다.

## 행군의 이동, 어떻게 이루어졌나

660년 신라가 백제를 공격할 때 김유신이 군사를 세 길로 나눈 점, 당시 백제의 계백이 진영을 3개로 만들어 주둔한 점, 품일이 계백에게 패해서 돌아온 아들 관창에게 3군의 모범이 되라고 한 점 등을 봤을때, 신라의 부대는 대체로 3군 체제를 유지했던 것 같다. 3군은 좌군, 중군, 우군으로 부대를 세 개로 나누어 행군하는 것이다. 이러한 3군체제는 중국 주나라 시기에 이미 등장한 부대 구분 방식이었다. 수당이후 중국에서 널리 사용되었다. 9세기 헌덕왕 시기 김헌창의 반란이 일어났을 때에도 신라는 3군을 보내 진압한 사례가 있다.

전투의 승패를 결정짓는 주요 요인 중의 하나는 부대의 이동 속도, 즉 행군 속도다. 천천히 행군할 경우 부대의 건제 유지는 쉽지만, 적을 기습하거나 시간을 다투는 급박한 상황에 대처하는 데에는 불리하다. 반대로 빠르게 행군을 할 경우 불시에 적을 공격하거나 유리한 고지를 선점할 수는 있지만, 지원부대가 뒤처지게 되어 보급 사정이 악

통일기 신라의 병력은 장군 36명, 전투병 5만 4,000명, 전투지
원병 1만 6,200명으로 구성되었다. 660년 백제를 공격할 때 김
유신이 군사를 세 길로 나눈 점 등을 봤을 때 신라는 부대를 3군
체제로 편성했던 것으로 보인다. 3군 체제는 중국 주나라 시기
에 등장한 부대 편성 방식으로, 부대를 좌군과 중군과 우군 세
개로 나누어 운용하는 것이다.

화되기 마련이다.

《손자병법》〈군쟁편軍爭篇〉에는 다음과 같은 내용이 있다. "고로 갑
옷과 투구를 벗고 주야를 쉬지 않고 2배의 속도로 100리를 행군하여
유리함을 다투면, 모든 장군이 포로로 잡히게 된다. 강한 병사는 앞서
고 피로한 병사는 뒤처져, 이 방법은 10분의 1 정도의 병사만 도착하
게 된다. 하루에 50리를 이동하여 유리함을 다투면, 상장군을 잃게 되

는데 이 방법은 반 정도의 병사만 도착하게 된다. 30리를 이동하여 유리함을 다투면, 3분의 2 정도의 병사만 도착하게 된다."

고대에는 하루에 30리 거리를 행군하는 것이 적정한 속도라고 인식했다. 빠르게 이동할 때에는 60리까지 이동하기도 했다. 30리를 킬로미터 단위로 환산하면 12킬로미터다. 현대 보병이 대체로 시간당 4킬로미터 정도 행군하는 점에서 보면 더딘 감이 있다. 하지만 고대의 도로나 보급 사정 그리고 연락체계가 현대보다 좋았을 리는 없다. 행군이 곤란한 지형이나 이동 통제가 불가능한 경우도 있기 때문에, 군대의 행군 속도를 현대의 기준으로 일반화시키기는 어렵다. 당시 하루 30리의 행군 속도는 지휘체계를 유지하면서 이동하는 데 적합한 거리였다. 적의 기습에 대비하고 대형을 갖추어 치중부대와의 일정한 거리를 유지하면서 이동할 수 있는 거리였던 것이다.

이러한 행군을 위해서는 먼저 이동 경로가 설정되어야만 한다. 사신, 첩자, 포로, 현지민 등을 활용해 정보를 수집하고, 정찰대와 척후병을 운용할 필요가 있었다. 그리고 각 부대 간의 연락체계를 확립하고 적과 아군을 구분하는 방법도 강구해야만 했다. 각 부대를 오가는 연락병, 즉 전령傳令도 중요한 역할을 했다. 명령서의 비밀을 유지하기 위해 암호를 사용하기도 했다.

동양에서는 일반적으로 북과 징을 이용하여 신호체계를 만들었다. 북을 치면 나아가고, 징을 치면 물러나는 것이 일반적인 패턴이었다. 북소리는 낮은 음으로 사람의 마음을 들뜨게 만들어 사기를 올리는 데 적합했고, 징소리는 시끄러운 상황에서 날카롭게 높은 음을 내어 신라는 삼국통일 후 대동강에서 원산만에 이르는 북방 국경을 확정지었다. 예성강 이북 지역은 고구려멸망전, 고구려부흥운동, 나당전쟁 등으로 인해 상당히 피폐해 있었다. 신라는 확보한 지역을 영역화하고, 점차 북방으로 진출하여 패강진浿江鎭을 설치했다. 패강은 일반적으로 대동강을 의미하며, 평산의 수곡성이 패강진의 중심이었다.

* 출처: 구글어스 위성지도.

〈그림 21-2〉

**패강진의 위치**

주의를 끌 수 있었다. 시야가 확보되는 곳에서는 깃발이나 화살을 이용하여 신호를 보낼 수 있었다. 병사들은 다양한 소리와 표식을 구분하기 위해 반복적으로 훈련을 받았을 것이다.

상비군의 경우는 수시로 훈련을 했다. 일반 백성들도 농한기에는 진법陣法 훈련을 했다. 《삼국사기》〈김유신 열전〉에는 김유신의 증손

<그림 21-3>

**철제 무기류와
철제 갑옷**

군대에 동원된 병사들은 주로 철로 만든 칼과 창을 개인 무기로 사용했다. 그리고 단순한 판갑옷을 입고 전장에 나섰다. 철제 판갑옷을 입지 못한 병사들도 있었을 것이다. 중국 기록에는 가죽갑옷이나 종이를 여러 겹 덧댄 지갑紙鉀의 사례도 확인되고 있다. 화려한 국왕이나 귀족의 부장품보다 투박한 일반 병사들의 무구류에서 사람 냄새가 난다.

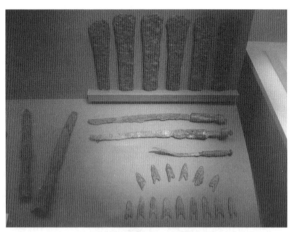

사 김암이 봄, 여름, 가을의 농한기에 육진병법六陣兵法을 가르쳐 모두 편하게 여겼다는 기록이 남아 있다. 김암이 관리로 부임한 곳은 패강진浿江鎭이라는 북쪽의 변방 지역이었다. 지역의 특수성을 감안하더라도 일반 백성을 대상으로 주기적인 훈련이 이루어졌다는 점은 주목할 필요가 있다. 이 시기는 큰 전란이 없었다. 평화 시에도 신라에서 지속적으로 군사훈련이 시행되었음을 잘 보여주는 사례다.

# 22

# 泣斬馬謖

제갈량이 울면서 마속을 목베다

# 신라의 군율,
# 상황에 맞게 적용하다

## 제갈량과 마속, 엄정한 군율 유지가 중요하다

중국 삼국시대의 일이다. 위·촉·오 세 나라가 정립하여 서로 다투었
다. 촉나라의 제갈량은 위나라를 공격하고자 했다. 제갈량의 진격에
위나라는 사마의를 보내 대비케 했다. 제갈량은 사마의에 맞서기 위
한 장수를 고민했다. 이 때 마량의 아우인 마속이 자원해 나섰다. 제
갈량은 마속이 뛰어난 장수이긴 하나 사마의에는 미치지 못한다고 여
겨 주저했다. 마속은 사마의를 막지 못한다면 자신의 목숨을 내놓겠
다고 다짐했다. 결국 마속은 사마의를 막지 못했고, 제갈량은 울면서
마속의 목을 벨 수밖에 없었다읍참마속泣斬馬謖. 엄정한 군율을 유지하기
위해 자신이 아끼는 부하의 목을 베었던 것이다.

군율軍律은 군대와 군인의 규율을 확립하기 위해 만든 법이다. 군율은 전투와 전쟁이라는 특수한 상황에서 적용되는 것이다. 이런 점에서 독특한 성향을 띠게 마련이다. 전근대 시기 절대 다수의 군인은 강제 징집되었다. 기본적으로 군대에 대한 거부감이 클 수밖에 없었다. 이러한 현실에서 이들을 움직이기 위해서는 강력한 군율이 필요했다. 시간이 제한되어 있는 상황에서 효과를 극대화해야만 했다. 군율이 다른 율령에 비해 간소화되고 상징적인 경향을 띠게 된 이유다.

전근대 시기 동양의 대표적인 형벌을 5형刑이라 했다. 즉 태장도유사笞杖徒流死 5가지의 형벌이다. 태형은 작은 곤장으로 때리는 것으로 비교적 가벼운 처벌에 해당한다. 장형은 비교적 무거운 처벌에 해당하며, 심할 경우 곤장을 맞다가 숨지기도 했다. 도형은 징역형의 일종으로 몇 년간의 강제 노역에 처해지는데, 보통 장형과 함께 집행되었다. 유형은 거리를 구분하여 멀리 유배를 보내는 형벌인데, 중국의 경우 거리가 멀어 가는 도중에 사망하는 사례가 많았다. 사형은 목을 매달아 죽이는 교수형과 목을 베어 죽이는 참수형으로 나뉜다. 교수형은 시신이 온전하지만 참수형의 경우는 시신을 훼손하기 때문에 가장 극형으로 취급되었다. 군율에서는 가장 빠르고 효과적인 참수형이 많이 시행되었다.

## 신라의 군율

신라가 평양성을 함락하고 고구려를 멸망시켰을 때다. 신라의 왕은 승리 후 功이 있는 장수들에게 포상을 실시했다. 사찬 구률은 공이 있음에도 불구하고 포상을 받지 못했다. 구률은 사천蛇川전투에서 다리 밑으로 들어가 강을 건너 적과 싸워 크게 이겼다. 하지만 군령軍令 없이 함부로 위험한 지역으로 들어갔기 때문에 공은 제일이었지만 포상을 받지 못했다. 구률은 분하고 한스러웠다. 포상을 받지 못하는 것보다 공로를 인정받지 못하는 것 같아 더 괴로웠을지도 모른다. 목을 매죽으려 했지만 옆 사람의 구조로 죽지는 못했다. 개인적으로는 안타까운 일이지만, 큰 조직을 유지하기 위해서는 어쩔 수 없이 냉정해야만 했다.

군사조직을 운용하는 데 기본이 되는 것은 군령과 군율軍律이다. 군령은 실질적인 군대의 운용 및 통솔과 직결되는 지휘, 명령, 감독권 등을 말한다. 군율은 이러한 군령이 원활히 작동할 수 있도록 형벌과 규제 등을 가하는 것이다. 군율은 군사조직이 만들어지고 전쟁이 일어나면서 발달하기 시작했다.

신라에는 체계적인 군율이 성립되기 전에 이미 형벌과 규제가 존재하고 있었다. 각종 문헌이나 금석문에서 '법法'이라는 용어가 적지 않게 발견된다. 신라에 독자적인 법체계가 형성되어 있었음을 보여주는 예다. 법흥왕 시기(514~540)에 율령이 반포되면서 군율로 정리되어 성문화되었다. 신라는 6~7세기에 들어서면서 잦은 대외전쟁을 치렀고, 이 과정에서 군율이 엄격히 시행되었다.

신라 고유의 군율은 진덕왕 시기(647~654)에 큰 변화를 맞게 된다. 김춘추가 당나라에 청병 외교를 하면서 나당연합군이 형성되었기 때문이다. 이 과정에서 신라는 당나라의 군율을 상당 부분 도입하게 되었다. 당 군율은 전시에 황제가 직접 출전했을 경우 훨씬 엄격하게 집행하는 경향을 보인다. 즉 군율에 명시된 처벌을 그대로 시행했던 것이다. 신라의 군율 역시 전시 상황에서 가장 엄격하게 적용되었을 것이다. 특히 국왕이 출전하는 경우에는 더욱 그러했을 것이다.

당나라의 율령을 기록한 《당율소의唐律疏議》에는 전투에서 패하거나 도망한 경우 혹은 간첩행위를 한 경우 참수형에 처한다고 되어 있다. 물론 사안에 따라 달리 적용되겠지만, 기본적으로 중요도가 높고 대규모 전투일수록 참수형에 처해질 가능성이 높았다. 신라의 군율 조항은 구체적으로 전해지지 않아 명확히 알 수 없다. 하지만 당나라의 군율을 참조해볼 때, 신라의 경우도 이와 크게 다르지 않았을 것이다.

## 설인귀와 원술, 군율 적용은 상황에 따라 가변적으로

설인귀는 당나라의 대표적인 무장이다. 당의 고구려 공격에서 큰 활약을 하여 유명해졌다. 이후 설인귀는 670년 토번과의 대비천大非川전투에서 패배하여 제명除名되었다. 671년에 계림도행군총관이 되어 나당전쟁에 참전했다. 여기에서도 별다른 성과를 거두지 못해 당으로 귀국했는데 나당전쟁의 전황이 불리해지자 다시 기용되었다. 675년 천성전투와 676년 기벌포전투에 참여했다가 또다시 상주象州로 유배되는 형에 처해졌다. 하지만 다시 한 번 사면을 받게 된다. 이렇듯 설

나당전쟁은 670년부터 본격화되었는데, 671년이 되면 당군이 평양 지역으로 남하하게 된다. 672년에는 평양에 주둔하고 있던 당군이 인근의 마읍성과 한시성을 함락시키고 다시 남하했다. 당군은 백수성(황해 재령)을 공격한 후 석문(황해 서흥)에서 신라군과 대규모 전투를 벌였다. 이 석문전투에서 패배한 신라군은 무이령을 거쳐 신라의 영내로 철수했다.

\* 출처: 구글어스 위성지도.

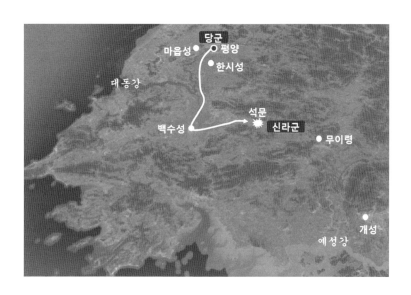

인귀는 제명과 복권을 반복했다. 설인귀는 개인적으로 당 고종과 깊은 인연이 있었다. 설인귀가 황궁을 숙위하다가 홍수가 발생했을 때 당 고종을 구한 적이 있었던 것이다. 이 때문에 그의 복권이 더 쉬웠을지도 모른다.

하지만 당은 장기간의 대외 원정으로 주요 장수들이 사망하거나 처벌되어 지휘관이 부족한 상황이기도 했다. 전투의 규모나 지속성 문제 그리고 지휘관 부족이나 전략적 문제, 사기 저하 등을 고려할 필요가 있었다. 설인귀의 사례는 당의 전시 군율 적용이 상황에 따라 가변적이었음을 보여준다.

672년 8월, 신라군은 황해도 석문에서 당군에게 치욕적인 패배를 당했다. 김유신은 살아 돌아온 자신의 아들 원술을 처벌하고자 했다. 김유신은 국왕에게 아뢰었다. "원술이 왕명王命을 욕되게 했을 뿐 아니라 가훈家訓까지 져버렸으니 참斬해야 마땅합니다." 이에 문무왕은 "원술은 비장裨將인데, 혼자에게 중한 형벌을 시행하는 것은 불가하다"라고 답했다.

원술이 왕명을 욕되게 하고 가훈을 져버렸다는 것은 패전하여 도망쳐 왔다는 사실을 의미한다. 김유신은 자신의 아들이 전투에서 패하고도 살아남은 것이 부끄러웠다. 김유신은 참수해야 한다고 주장했지만, 문무왕의 만류로 중지되었다. 여기에서 신라가 패전했을 경우 참수형에 처하는 것이 일반적이었음을 알 수 있다.

그런데 문맥에 따르면 원술 이외의 장수들은 중한 처벌을 받지 않았던 정황이 감지된다. 석문전투는 신라의 장수 7명이 사망하고 공격적이던 전술 자체가 방어로 전환될 만큼 큰 패전이었다. 그럼에도 참전한 장수들이 큰 처벌을 받지 않았던 것이다. 왜 그랬을까? 당시 신라는 장수의 처벌보다는 당군의 공격을 막는 것이 급선무였다. 따라서 장수들에게 참수나 제명 같은 중형을 가할 수 없었다. 한두 차례의 결정적 전투가 아니라 장기간 끊임없이 전투가 벌어질 경우, 병력과

591년 진평왕은 경주 남산에 신성을 쌓았는데, 신성의 둘레는 2,800여 보였다. 축성 과정에서 전국적으로 인원을 동원했고, 성이 완성된 기념으로 비를 세웠다. 현재까지 10기 정도가 발견되었다. 남산신성비南山新城碑 제2비는 높이가 120센티미터에 달한다. 그런데 이 비문들에는 모두 '완공 후 3년 이내에 성이 무너지면 처벌을 받는다' 라는 맹세문이 기록되어 있다. 부실 공사를 막기 위한 신라 정부의 엄격함을 엿볼 수 있다.

지휘관 부족 현상이 발생할 가능성이 높다. 어쩔 수 없이 장수들의 처벌 수위가 낮아질 수밖에 없었던 것이다. 규율이라는 것은 기본적으로 규정대로 처리해야 하지만, 정상을 참작하여 조율할 필요도 있는 법이다.

# 23

# 同床異夢

●둘이 같은 자리에 자면서 다른 꿈을 꾸다

# 신라와 당,
# 서로 다른 꿈을 꾸다

## 당과 신라의 동상이몽

동상이몽은 중국 남송南宋의 진량陳亮이라는 사람이 한 말이다. 겉으로는 서로 같이 움직이면서 속으로는 딴 마음을 품고 있는 경우에 사용한다. 신라와 당은 나당연합군을 형성해 백제와 고구려를 멸망시켰다. 하지만 신라와 당의 속내는 전혀 달랐다. 신라는 대동강 이남의 영토를 원했고, 당은 한반도 전체를 원했다.

　신라는 백제와 고구려를 멸망시켰지만 아무런 소득이 없었다. 백제의 옛 땅에는 웅진도독부熊津都督府가, 고구려의 옛 땅에는 안동도호부安東都護府가 설치되면서 모두 당의 관할 아래로 들어갔다. 원래 도호부는 당이 주변 이민족들을 정복한 후 그곳에 설치한 식민통치기관이다. 당은 사방으로 영토를 확장하면서 동서남북으로 도호부를 설치했다. 안동도호부는 바로 동쪽에 설치된 당의 관청이었다.

도호부의 아래에는 도독부를 두었다. 당은 백제의 옛 땅에 웅진도독부를 설치하고, 신라는 계림도독부로 편성하고자 했다. 물론 신라는 당의 직접 통제를 받는 도독부는 아니었다. 하지만 형식상으로는 당의 행정체계에 흡수된 꼴이 되고 말았다. 고구려 멸망 후 안동도호부가 새롭게 생기면서 고구려, 백제, 신라를 아우르는 당의 식민통치 시스템이 등장하게 되었다.

당은 중국 역사상에서 가장 강하고 번성한 왕조라고 평가받는다. 당의 끊임없는 영토 확장 과정에서 한반도의 운명도 위태로운 상황에 빠졌다. 원래 고구려와 백제의 공격에서 벗어나기 위해 당과 손을 잡았던 신라였다. 그러나 동맹의 결과는 참담했다. 새로운 영토를 얻기는커녕, 최강대국 당과 영토를 접하게 되어 신라 자체의 위험만 늘어났던 것이다. 신라는 어떻게 해서든 이러한 상황을 해결해야만 했다.

## 백제의 부흥을 지켜만 봐야 했던 신라

신라와 당이 직접적인 무력충돌을 벌이게 된 근본적인 원인은 바로 영토 문제다. 648년 당 태종과 신라의 김춘추는 나당동맹을 맺었다. 백제의 공격에 시달리던 신라와 고구려 공격에 어려움을 겪던 당이 서로 힘을 모아 이들을 무너뜨리자는 취지였다. 그때 당은 고구려가 멸망하고 나면 대동강 이남의 땅은 신라에게 넘겨준다고 약속했다.

이 약속대로라면 당연히 옛 백제의 땅은 신라의 영토가 되어야 마땅하다. 하지만 당은 약속을 지키지 않았다.

당은 백제와 고구려가 멸망하자 한반도에 대한 지배력을 강화하기 시작했다. 옛 고구려 지역에 설치된 안동도호부와 옛 백제 지역에 설치된 웅진도독부의 역할은 점차 커져만 갔다. 이를 멍하니 바라만 봐야 하는 신라는 그만큼 더 초조해졌다. 사실 신라는 대동강 이남의 영토 전부를 바라지 않았을 수도 있다. 최소한 옛 백제의 영토만 차지하더라도 큰 불만은 없었을지 모른다.

시간이 흐를수록 옛 백제 지역은 신라에게서 멀어져갔다. 당은 백제의 왕자였던 부여륭을 웅진도독으로 임명하여 웅진도독부를 다스리게 했다. 신라가 볼 때는 말도 안 되는 상황이었다. 엄청난 피를 흘리며 무너뜨린 백제인데 이제 와서 백제 왕의 아들이 다시 그곳의 지배자가 되다니, 있을 수 없는 일이었다.

나아가 당은 665년 취리산에서 회맹을 추진했다. 회맹은 제단을 쌓고 제물을 바쳐 제사를 지낸 후 참가자들이 서로 맹세하게 하는 것이다. 취리산 회맹은 신라와 백제가 영원한 우방으로서 서로 화친한다는 내용으로 이루어졌다. 회맹의 당사자는 신라 왕과 부여륭이었다. 신라의 철천지원수였던 백제가 멸망한 것이 아니라 당의 힘을 빌려 다시 부활하는 순간이었다. 멸망시킨 나라의 왕자와 대등한 입장에 선다는 것은 신라 왕으로서는 굴욕이자 모욕이었다.

사실 당은 신라가 동맹국이라는 인식조차 없었다. 비록 신라와 연합하여 백제를 멸망시키긴 했지만 신라는 어디까지나 변방의 소국에 불과했다. 멸망한 백제나 힘 없는 신라나 모두 동쪽의 오랑캐에 불과했다. 결국 신라는 당의 지배체제 속에서 자신이 멸망시킨 나라들과 형식상으로는 동등한 상태가 되고 말았다. 백제 멸망에 적극적이었던 신라의 입장에서는 도저히 용납할 수 없는 일들이 줄줄이 연출되고 있었다. 하지만 고구려가 아직 남아 있는 만큼 신라는 참을 수밖에 없었다.

## 신라의 분노, 비열홀마저 넘겨야 하는가

나당연합군을 형성하여 백제와 고구려를 멸망시키는 과정에서 당은 신라를 철저히 무시했다. 당은 신라의 인물을 뽑아 당군의 장수로 임명하고 신라 왕에게 일방적으로 통보했다. 신라에서 병력을 임의대로 징발하여 당군에 편입시키기도 했다. 또한 전투 과정에서 신라 왕에게 정보를 제대로 전하지 않았고, 전투계획 수립은 오로지 당군이 전담했다. 나당연합이라는 말이 무색할 정도로 평등관계는 종속관계로 이행되고 있었다. 신라 왕의 군령권이 상당히 침해당하고 있었다. 그래도 신라는 참아야만 했다.

> 비열성卑列城은 원래 신라의 땅이었습니다. 고구려가 공격해서 빼앗은 지 30여 년 만에 신라가 다시 이 성을 되찾았습니다. 백성을 옮겨 살게 하고 관리를 두어 수비했습니다. 그런데 당나라가 이 성을 가지면서 다시 고구려에게 주었습니다.
> ─《삼국사기》권7, 신라본기, 문무왕 11년, 〈답설인귀서〉

비열홀比列忽(안변)은 원산 바로 밑에 위치하고 있다. 서울에서 원산까지는 경원선京元線이 놓여 있고, 서울에서 평양으로는 경의선京義線이 지나고 있다. 철로로 연결될 만큼 교통 수요가 많고, 지형적 조건이 유리함을 알 수 있다. 현재 원산에서 평양까지는 철로가 없다. 하지만 예부터 서울에서 안변을 경유하여 평양으로 가는 길을 비열도比列道라 불렀다. 청일전쟁 시기 원산으로 상륙한 일본군이 평양으로 이동한 길이기도 하다.

* 출처: 구글어스 위성지도.

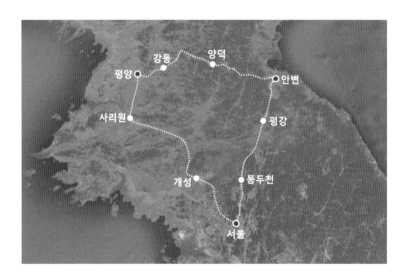

신라 왕의 군령권 침해와 더불어 비열홀안변의 반환 문제도 신라를 자극했다. 비열홀은 신라 동북방의 주요 군사거점으로 신라가 668년 무렵 장악한 곳이다. 넓게 보자면 지금의 원산만 일대다. 원산 지역에서 왼쪽으로 나아가면 평양이 나온다. 그리고 서남쪽으로는 서울과 연결된다. 평양과 원산을 장악하면 서울을 양쪽에서 압박할 수 있다.

반대로 서울과 원산을 장악하면 평양을 압박할 수 있다. 서울−원산−평양은 거대한 트라이앵글이다. 원산은 서울이나 평양을 공격하는 세력에게 전략적 우위를 가져다주는 요충지였던 것이다.

이 비열홀이 고구려 멸망 후 전후처리 과정에서 다시 당으로 귀속될 처지에 놓였다. 당시 고구려는 멸망하고 없었으므로 고구려라고 언급된 것은 안동도호부다. 당은 평양에 안동도호부를 설치하면서 비열홀을 안동도호부 관할로 넘기라고 강요했다. 하지만 신라 왕의 입장에서는 도저히 받아들일 수 없는 요구였다. 이미 관리를 파견하고 백성을 이주시킨 상황에서 당의 명령에 따라 철수한다는 것은 있을 수 없는 일이었다. 만약 철수하게 된다면 신라 왕의 권위는 실추될 수밖에 없었다.

신라와 당의 대립은 인사나 포상 문제가 얼마나 공정하게 처리되어야 하는지를 잘 보여주는 사례다. 신라가 수년간 전투를 수행하면서 당의 불합리한 처우에도 꾹 참아왔던 것은 새로운 영토에 대한 보상 때문이었다. 그러나 백제와 고구려의 옛 땅은 모두 당이 차지했다. 뿐만 아니라 신라가 확보한 비열홀마저 반환해야만 하는 상황까지 왔다. 신라는 삼국통일 과정에서 매우 중요한 역할을 했음에도 불구하고, 구체적인 실익이 아무 것도 없었다. 신라 왕과 신라군의 불만은 점점 누적되어갔다. 당이라는 거대제국의 위압감이 서서히 다가왔다. 끓기 시작하는 냄비 속에서 개구리는 서서히 죽어가느냐 뛰쳐나오느냐 선택해야만 했다. 신라 수뇌부는 결국 당과의 전쟁을 고려하게 된다.

중국사회과학원이 중심이 되어 중국지도출판사에서 발간한 역
사지도책의 일부. 중국사회과학원은 중국에서 가장 권위 있는
연구집단이다. 중국은 고구려 멸망 후 설치된 안동도호부, 백제
멸망 후 설치된 웅진도독부, 나당전쟁 후 대동강에서 원산만 이
북의 영토 등을 모두 당의 영역으로 표시하고 있다. 아울러 동해
는 일본해라고 되어 있다.

〈그림 23-2〉

**안동도호부·웅진도독부와
나당전쟁 후의 영토**

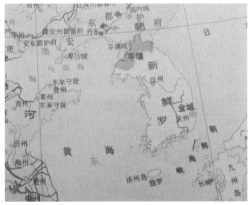

# 24

老馬之智

● 늙은 말의 지혜로 경험을 쌓은 사람의 지혜

# 포로를 활용하다

## 실미도 부대

2003년에 〈실미도〉라는 영화가 개봉하여 1,000만 관객을 모았다. 북
파 침투를 위해 실미도에서 훈련을 받던 부대원들의 이야기다. 1968
년 1월, 북한 특수부대원 30여 명이 휴전선을 넘어 청와대를 습격하
려다 실패한 사건이 있었다. 1월 21일에 발생했기 때문에 1·21사건
이라고 한다. 1·21사건에 대응하기 위해 중앙정보부 주도로 1968년
4월에 평양의 주석궁을 습격하기 위한 특수부대가 창설되었다. 68년
4월에 창설되었다고 하여 일명 684부대라 불렸다.

684부대원들은 서해의 무인도인 실미도에서 상상을 초월하는 가혹
한 훈련을 받았다. 하지만 남북한 화해 무드가 조성되면서 이들의 북

파는 불투명해졌고 처우 또한 열악해졌다. 불만을 품은 부대원 20여 명이 청와대로 가기 위해 기간병을 살해하고 실미도를 탈출했다. 이들은 서울특별시 대방동까지 진출했지만 군경 합동군과 총격전을 벌이다 전원 사망했다.

처음에는 북한 무장공비의 소행이라고 발표되었다가, 얼마 후 공군 휘하의 군 특수범죄자들이라고 밝혔다. 공군 휘하의 실미도부대가 창설될 무렵 각 군별로도 북파공작부대가 창설되어 있었다. 육군의 설악부대, 해군의 만포부대, 해병대의 까치부대 등이다. 영화 〈실미도〉는 이들을 군범죄자나 사회범죄자처럼 묘사했지만, 실제로는 대부분 현역 군인들과 새롭게 모집된 일반인들이었다. 특수부대를 창설할 때는 훈련이 전혀 안 되어 있는 일반인들보다는 기본 훈련을 받은 군인들이 훨씬 효율적이기 때문이다.

## 백제 포로를 지휘관으로 활용한 신라

660년 황산벌에서 신라의 김유신이 백제의 계백을 물리쳤다. 계백은 전사했고, 계백이 이끌던 백제군 대부분도 전사했다. 이 때 황산벌전투에 참가했던 백제의 좌평佐平 충상과 상영 등 20여 명이 신라군에게 포로가 되었다. 아마 신라군이 백제의 지휘부 장교들을 사로잡은 것으로 보인다. 황산벌에서 승리한 신라군은 백제의 수도 사비로 진격했고, 당나라와 연합하여 백제를 멸망시켰다.

나당연합군에 의해 백제가 멸망하고, 신라군은 경주로 돌아왔다.

황산벌에서 포로가 되었던 백제의 지휘관들도 경주로 왔다. 신라 왕은 백제 멸망에 공이 있는 장수들을 포상하는 한편, 충상과 상영을 비롯한 백제의 지휘관들도 재능에 따라 등용했다.

좌평 충상·상영과 달솔 자간에게는 일길찬의 관등을 주고 총관으로 삼았다. 은솔 부수는 대나마의 관등을 주고 대감으로 삼았으며, 은솔 인수에게는 대나마의 관등을 주고 제감으로 삼았다. 좌평(1품), 달솔(2품), 은솔(3품)은 백제의 관등이며 일길찬(⑦), 대나마(⑩)는 신라의 관등이다. 백제의 관위에 비해 수여받은 신라의 관등은 낮은 편이었다. 이들 백제 지휘관들에게는 신라의 관등과 더불어 총관總管, 대감大監, 제감弟監 등의 직위가 주어졌다. 모두 신라군의 지휘관으로서 재임용되었던 것이다. 이들이 신라군의 지휘관으로 임명된 것은 660년 11월의 일이었다.

다음해인 661년 이미 멸망한 백제에서 백제부흥운동이 일어났다. 이 때 충상은 신라군에 편입되어 출정했다. 항복한 적국의 장수가 되어 조국의 부흥운동을 진압하러 가야 하는 심정은 어떠했을까. 661년 2월, 신라 왕은 이찬(②) 품일을 대당장군으로 임명하고, 잡찬(③) 문왕과 대아찬(⑤) 양도 그리고 아찬(⑥) 충상 등으로 하여금 보좌케 했다. 대당大幢은 신라의 가장 중요한 부대였다. 충상은 대당의 지휘부에서 활약했던 것이다. 아마 충상이 백제의 상황을 잘 알고 있었기 때문에 중용되었던 것 같다. 충상은 앞서 일길찬이었다가 그 사이 한 단계 올라 아찬이 되었다. 이후에도 충상은 신라군의 일원으로 계속 활약했다. 661년 7월에는 귀당총관으로 임명되어 참전했다. 기록에는 잘 드러나지 않지만 상영, 자간, 부수, 인수 등도 충상처럼 신라군에 편입되어 활약했을 것이다. 이는 신라가 포로가 된 적국의 지휘관을 자국의 지휘관으로 활용한 대표적인 사례다.

## 고구려 포로 특수부대, 요동을 향해 북진하다

나당연합군에 의해 660년 백제가 멸망하고, 668년에는 고구려도 멸망했다. 고구려 멸망 후 상당수의 일반 백성들이 당나라로 끌려갔다. 기록에는 20만 명이 끌려갔다고 되어 있다. 한편 신라는 고구려 포로 7,000명을 이끌고 경주로 돌아왔다. 이들은 주로 전쟁 과정에서 포로가 된 고구려 병사들이었다.

668년 고구려가 멸망하자 나당연합은 붕괴되기 시작했다. 신라는 백제의 영토를 원했고, 당나라는 한반도 전체, 즉 신라마저 정복하고자 했다. 백제와 고구려의 영토는 모두 당나라가 접수한 상태였다. 서로의 이해관계가 맞지 않는 동맹은 깨지기 마련이다. 신라는 표면적으로는 당과 동맹관계를 유지하고 있는 것처럼 보였지만, 실제로는 당과의 전쟁을 준비하고 있었다.

669년 신라의 수도 경주에서 비밀리에 특수부대가 조직되었다. 이들의 임무는 요동을 공격하는 것이었다. 이 시기는 신라와 당나라가 아직 전쟁을 벌이기 전이었다. 당나라에 신라의 의도가 간파되면 곤란했다. 요동을 공격하기 위한 부대는 특별할 수밖에 없었다. 압록강을 건너 요동까지 가려면 수개월간 장거리 행군을 해야 했다. 게다가 경주를 출발한 설오유는 1만 명을 거느리고 서울을 지나 평산에 도착했다.
이때 재령에서 활동하던 고구려부흥군의 고연무 부대 1만 명이 합류했다.
이들은 평양에 설치되어 있던 당나라 안동도호부와의 충돌을 피하면서 빠
르게 북상해야만 했다. 수안을 거쳐 강동 방면으로 약간 우회하면서 요동
으로 북상했다. 이 길은 고려 시기 거란족이 침입한 루트이기도 하다.

\* 출처: 구글어스 위성지도.

그 지역은 옛 고구려 영토로서 신라군이 한 번도 가본 적이 없는 곳이
었다. 부대원들의 사기가 높지 않으면 완수하기 어려운 임무였다.

신라의 입장에서는 고구려 지역의 정보를 가장 잘 알고 있는 자들
이 필요했다. 작년에 경주로 끌려온 고구려 병사 출신 7,000명이 바로
그들이었다. 적국의 수도로 끌려온 고구려 병사는 언제 죽을지 모르

중국 국가박물관에 소장되어 있는 기병과 보병의 토용土俑이다. 포로들은
전쟁이 지긋지긋했겠지만, 적국의 포로로 있는 것보다는 전장터를 다시 누
비는 것이 더 좋았을 것이다. 포로들은 장기에 따라 기병과 보병으로 나뉘
어 새롭게 편성되었다. 이제 이들은 신라군으로 다시 태어나 위험한 임무
에 투입되었다.

는 저지였다. 사실 고대의 포로들이 제대로 인간 취급이나 받았을지도 의문이다. 이미 멸망해버린 고구려의 구원을 바랄 수도 없었다. 이들은 신라에서 포로생활을 하다가 맞아죽거나 굶어죽을 수밖에 없다고 생각했을 것이다. 신라는 이들을 억류하고 관리하기보다는 적극적으로 활용하는 방법을 선택했다.

신라는 고구려 지역을 가장 잘 아는 고구려 포로를 중심으로 특수부대를 만들었다. 고구려 포로들 또한 언제 죽을지 모르는 불안감에 사로잡혀 사는 것보다, 신라의 정식 군대로 편성되어 전쟁터에 나가 싸우기를 원했다. 고대에는 보다 많은 병력을 확보하고 동원하는 것이 강한 군사력을 보유하는 방편 중 하나였다. 신라의 입장에서 이미 훈련을 받은 적군의 포로를 새로운 병력 자원으로 활용하는 것은 자연스러운 현상이었다.

전쟁이 잦았던 신라는 사면령을 자주 내렸다. 사면령으로 인해 감옥에 수감되어 있던 적지 않은 장정들이 풀려났다. 이들 가운데 일부도 특수부대에 편성되었을 가능성이 있다. 이 특수부대의 부대장으로는 진골귀족 출신이 아닌, 6두품 출신의 설오유 장군이 임명되었다. 669년 겨울, 고구려 포로를 활용하여 편성된 설오유 부대 1만 명은 요동을 향해 북진하기 시작했다.

# 25

乾坤一擲

한 번의 승부에 하늘과 땅을 건다

# 설오유, 오골성전투로
# 나당전쟁의 초기 주도권 확보

## 일본의 진주만 공격, 선제공격이 유리하다?

1941년 12월 7일, 일본제국의 폭격기들이 미군 기지가 있는 하와이를 공격했다. 〈진주만〉(2001)이라는 영화로 잘 알려져 있다. 야마모토 이소로쿠山本五十六 제독이 계획하고 나구모 주이치南雲忠一 제독이 지휘한 대대적인 기습작전이었다. 작전 성공명은 '도라도라도라トラトラトラ'였다. 일본군은 진주만 공격을 위해 항공모함 6척을 동원하고 폭격기 300여 대를 운용했다. 일본의 진주만 공격으로 미군의 함선 10여 척과 200대에 가까운 항공기가 파괴되었다. 2,000여 명의 사상자도 발생했다. 공습에 성공했다고 여긴 일본군은 '도라도라도라'라는 암호를 본국으로 전송했다.

일본의 진주만 공격은 표면적으로는 성공한 듯 보였다. 하지만 미해군의 주력함인 항공모함 3척은 건재해 있었고, 미국의 전쟁 준비능력은 일본의 예상을 뛰어넘었다. 당시 미국은 유럽전선에 투입된 미군 때문에 일본과 새롭게 전쟁하는 것을 반대하는 여론이 거세었다. 그러나 일본의 진주만 공격으로 미국 내 반대여론은 꼬리를 감추었다. 빠르게 전시체제로 전환한 미국은 일본과의 태평양전쟁에서 막대한 물량공세로 일본을 압도했다. 미드웨이해전 이후 전세는 미국으로 기울었고, 결국 일본은 항복하고 말았다.

애초에 일본이 하와이를 공격한 이유는 미국과의 전쟁이 임박한 상태에서 선제공격을 하는 편이 유리하다는 판단 때문이었다. 어차피 치러야 할 전쟁이라면 먼저 공격해서 전쟁의 주도권을 가져오자는 취지였다. 미국의 압박을 늦춘 다음 동남아의 자원을 확보하고 일본 본토에서 방어전을 벌인다면 충분히 승산이 있다고 여겼던 것이다. 하지만 결과적으로 일본의 진주만 공격은 실패한 작전이 되고 말았다.

## 신라의 요동 공격

670년 3월, 한 무리의 군사들이 달빛 속에서 압록강변에 도착했다. 이들의 눈은 모두 한 사람을 향해 있었다. 드디어 그가 조용히 손을 들어 강 건너편을 가리켰다. 그의 지시에 따라 2만 명의 군사들이 일사분란하게 강을 건너기 시작했다. 이른 새벽의 강바람은 매서웠지만, 이들을 가로막을 수는 없었다.

압록강은 신라가 건국된 이래 한 번도 본 적 없는 강이었다. 압록강 너머는 바로 요동 땅이다. 고구려 멸망 때도 평양까지 북상한 것이 전부였다. 지금 이 순간 신라의 역사는 새로 쓰이고 있다. 이들을 지휘하고 있는 이는 설오유 장군이었다.

설오유의 관등은 사찬沙湌에 불과했다. 신라의 17관등에서 8번째에 해당하는 낮은 위치였다. 신라가 통일전쟁을 하면서 사찬을 장군으로 임명한 예는 없었다. 원래 신라에서는 진골귀족 출신이 아니면 장군이 될 수 없었다. 그럼에도 불구하고 6두품 출신인 설오유가 신라의 장군이 되어 압록강을 건넜다.

설오유는 문무왕에게 특별히 발탁되어 장군으로 임명되었다. 그 과정에서 김유신의 입김이 크게 작용했다. 옛 고구려 지역을 가로질러 요동을 공격하는 임무는 아무나 감당할 수 있는 일이 아니다. 뛰어난 지휘력으로 부하들을 잘 이끌 수 있고, 예상할 수 없는 적지에서 임기응변에 능한 장수가 필요했다. 이러한 임무의 적임자가 바로 설오유였다. 비록 관등은 낮았지만 신라에 대한 충성심은 누구보다 강했다.

사실 요동 공격은 위험부담이 너무 컸기 때문에 진골귀족들은 꺼리는 자리였다. 공격의 성공 가능성이 낮을 뿐만 아니라 살아남는 것도 장담할 수 없었다. 하지만 설오유는 자청해서 나선 것으로 보인다. 6두품 출신이었기에 평생 군대 생활을 해도 장군이 될 수 없는 처지였다. 설령 죽더라도 신라의 장군으로서 당당히 죽고자 마음먹었다. 문무왕은 망설였지만 김유신은 오히려 이런 자가 적합하다고 강하게 주장했을 것이다. 결국 요동 원정군의 사령관은 설오유로 정해졌다.

설오유 장군이 이끄는 요동 원정군의 병력은 2만 명이었다. 여기에는 고구려부흥군의 고연무 장군이 이끄는 1만 명이 포함되어 있었다. 설오유가 신라 정예병 1만 명, 고연무가 고구려부흥군 1만 명을 각각 거느리면서 연합군의 형태를 띠었다. 하지만 신라의 장군과 이미 멸망한 고구려 출신의 장군이 대등할 수는 없었다. 아무래도 보다 많은 지원을 할 수 있는 신라 쪽으로 무게가 실릴 수밖에 없었다.

## 오골성전투, 나당전쟁의 초기 주도권을 신라에게 가져오다

670년 1월, 경주를 출발한 설오유는 황해도로 북상하기 시작했다. 고구려 부흥세력들은 멸망한 고구려를 다시 세우기 위해 황해도를 중심으로 봉기한 상태였다. 당시 당은 고구려 유민들을 대대적으로 이주시키는 작업을 진행하고 있었기 때문에, 평양 지역의 군사력은 상당히 약화되어 있었다. 그렇다고 하더라도 설오유의 이동이 당군에게 발각될 경우 요동 공격은 차질을 빚을 수밖에 없었다.

설오유는 황해도 재령에서 고구려부흥군의 고연무 장군을 만나 요동 공격을 상의했다. 평양에는 아직 안동도호부의 병력이 일부 주둔하고 있었으므로 이들과의 교전은 가급적 피하기로 했다. 이에 이들은 평양을 약간 우회하여 강동 방면으로 북상했다. 고구려부흥군의 도움을 받은 덕분에 요동으로의 진군은 순조롭게 진행되었다.

신라군과 고구려부흥군 2만 명은 압록강을 건너 요동의 오골성烏骨城으로 향했다. 오골성은 옛 고구려 시기부터 요동과 한반도를 연결

670년 3월, 설오유의 부대가 압록강을 건너 요동의 오골성을 기습 공격했다. 이로 인해 당의 이목은 요동으로 집중되었다. 이 틈을 타 신라의 주력부대는 670년 7월에 전격적으로 옛 백제 지역(웅진도독부)을 공략하여, 무려 80여 성을 함락시켰다. 671년에는 대부분을 장악하고 영역화했다. 이제 신라는 북방 전선 하나만 남겨놓게 되었다.

\* 출처: 구글어스 위성지도.

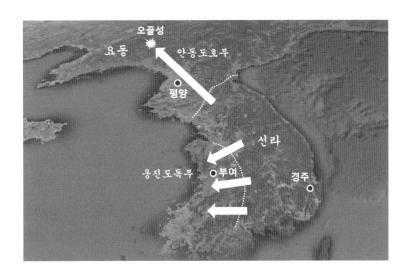

하는 군사 요충지였다.

670년 3월 사찬 설오유가 고구려 태대형 고연무와 더불어 각각 정병精兵 1만을 거느리고 압록강을 건넜다. 옥골屋骨오골성에 이르렀는데, 말갈병이 먼저 개돈양에 와서 기다리고 있었다. 여름 4월 4일 마주 싸워 우리 군사가 그들을 크게 이겨 목 베고 포로로 삼은 것이 이루 헤아릴 수 없었다. 당의 군사가 계속 이르렀으므로 우리 군사는 물러나 백성白城에서 지켰다.

-《삼국사기》권7, 문무왕 10년 3월

신라군과 고구려부흥군의 2만 병력이 갑자기 오골성을 향해 진군하자, 당의 이목은 요동으로 집중되었다. 오골성은 요동의 봉황성鳳凰城으로, 압록강에서 북쪽으로 20여 킬로미터 정도 떨어져 있다. 먼저 말갈병이 도착해 이들과 대치했다. 4월에 한 차례 교전이 발생했고, 여기에서 신라군과 고구려부흥군은 승리했다. 당의 지원군들이 점차 늘어나자 설오유는 백성으로 물러나 수비에 전념했다.

이후 신라군 설오유는 더 이상 사서에 등장하지 않는다. 요동 공격에 참여한 고구려부흥군 고연무가 이후에도 계속 활동하는 것과는 대조적이다. 아마 설오유는 후방으로 철수하지 않고 요동에서 지속적으로 활동하다가 사망한 것으로 여겨진다. 표면적으로는 설오유의 요동 공격이 큰 성과를 거둔 것처럼 보이지는 않는다. 하지만 전쟁의 전체 국면에서는 아주 중요한 역할을 했다.

설오유의 요동 공격으로 인해 당은 웅진도독부를 돌아볼 겨를이 없었다. 대규모 전투가 요동에서 벌어짐에 따라 한반도 서남부는 뒷전으로 밀려난 것이다. 설오유가 요동에서 활동하는 사이 진골귀족이 인솔하는 신라의 주력부대는 웅진도독부를 파죽지세로 밀고 들어갔다. 불과 1년 만에 대부분의 지역을 점령해버렸다.

신라는 옛 백제 지역을 단기간에 장악하여 방어선 하나를 줄였다. 이제 신라는 모든 병력을 북진시켜 당군의 남하를 저지하는 데 집중

바둑은 중국 고대의 요순堯舜시대에 유래했다는 설이 유력하다. 요임금과 순임금이 어리석은 아들들을 깨우치기 위해 만들었다는 것이다. 한편 농경을 위한 천체 관측에서 바둑이 시작되었다는 설도 있다. 별자리의 움직임을 기록하고 연구하기 위한 도구로 만들어졌다는 것이다. 우리나라의 경우 《삼국유사》에 백제 개로왕과 고구려 승려 도림이 바둑을 두었다는 기록이 남아 있다. 바둑은 중국에서 만들어져 한국을 거쳐 일본으로 전파되었고, 일본에서 현대식 바둑이 정립되었다.

바둑은 한 수 한 수에 따라 변화가 크며 수많은 경우의 수가 존재한다. 바둑판에 가로 19선, 세로 19선을 교차하게 그린 후 검은 돌과 흰 돌을 번갈아 두면서 세력 싸움을 한다. 최소 두 집을 내어야만 완전히 살 수 있다. 두 집을 내지 못할 경우 그 돌들은 죽은 돌[死石]이 된다. 하지만 사석은 그냥 버려지는 것이 아니라 새로운 세력을 형성하는 데 크게 활용된다. 사석이 많더라도 전체 집수가 많으면 이기는 것이 바둑이기 때문이다.

할 수 있었다. 당에 대한 신라의 선제공격은 멋지게 성공했다. 신라의 전체 전략에서 볼 때 6두품 출신의 설오유는 버리는 돌이었다. 하지만 그 돌은 자신의 역할을 충실히 수행했고, 덕분에 신라는 나당전쟁의 초기 주도권을 확보할 수 있었다.

# 26

# 兵不厭詐

군사에 관한 일이라면 간사한 것도 꺼리지 않는다

# 문두루 비법,
# 신라 지휘부와 명랑법사의 합작품

## 주술과 밀교

인터넷에서 '주술인형' 혹은 '저주인형'을 검색하면 적지 않은 제품을 찾을 수 있다. 특정인에게 불만이나 원한을 가진 경우 구매해서 사용한다. 인형을 바늘로 콕콕 찌르면서 저주를 걸고 이를 통해 쾌감을 느낀다고 한다. 이러한 경향은 동서양을 불문하고 전 세계적으로 나타나고 있다.

우리나라의 경우 영화와 드라마의 단골소재가 된 장희빈의 주술인형이 대표적이다. 조선 숙종 시기 장희빈이 궁중 내에 신당을 설치하여 인현왕후를 저주한 것으로 알려져 있다. 인형왕후가 사망하자, 이를 장희빈의 저주 때문이라 하여 장희빈을 자진自盡케 했다. 이러한 주술 행위는 상당히 미신적이고 비과학적인 것으로 여겨진다. 하지만 믿는 이들에게는 어떤 심리적 안정을 제공하기도 했다.

《삼국유사》에는 나당전쟁 당시 명랑明朗법사가 문두루文豆婁 비법秘法을 사용해 당나라 수군을 모두 침몰시켰다는 기록이 남아 있다. 670년대 초 당군이 신라를 공격해 오자 문무왕은 명랑에게 물었다. "일이 다급해졌으니 어찌하면 좋겠소?" 명랑이 답했다. "곱게 물들인 비단을 이용해 임시로 절을 만들면 됩니다." 이에 곱게 물들인 비단으로 절을 짓고 풀을 이용해 5방위의 신상神像을 만들었다. 명랑을 우두머리로 하는 명승明僧 12명에게 문두루 비법을 쓰도록 했다. 이 때 바람과 파도가 거세게 일어 당나라 군사의 배가 모두 침몰되었다. 그 후에 절을 고쳐 짓고 사천왕사라고 했다.

명랑은 중국에서 밀교密敎를 배운 후 신라로 귀국한 인물이며, 문두루는 산스크리트어 무드라Mudra를 한자로 바꿔 읽은 것이다. 명랑이 문두루라는 은밀한 비법을 중국에서 배워와 신라에서 쓴 것이다. 이러한 문두루 비법은 고려시대에도 이어져, 외침이 있을 때 문두루 도량을 열어 비법을 사용했다.

## 산동과 경기만

중국 삼국시대의 일이다. 232년 오나라의 수군이 북상하여 요동반도로 상륙해 공손연과 우호관계를 맺었다. 위나라의 장수 전예는 오의 수군을 막아야만 했다. 전예는 오의 수군이 어떤 경로를 이용하여 돌

670년대 초 나당전쟁 시기 당군이 신라를 공격해 오자 명랑법사는 곱게 물들인 비단으로 절을 짓고 풀로 5방위의 신상을 만들었다. 그러고는 자신을 포함한 명승 12명에게 문두루 비법을 쓰도록 했다. 그러자 바람과 파도가 거세게 일어 당나라 수군의 배가 모두 침몰되었다. 이후 절을 고쳐 지어 사천왕사라 했다. 아래는 사천왕사 터에서 출토된 녹유귀면와와 녹유신장벽전.

**사천왕사터 출토 유물**

아갈 것인지를 헤아렸다. "시기가 늦어 바람이 거세므로 반드시 표류할 것을 두려워할 것이다. 동쪽으로는 해안이 없으므로 마땅히 성산成山으로 나아갈 것이다. 성산에는 배를 정박할 장소가 없으니 곧 다시 바다를 돌아 나갈 것이다." 전예는 주변의 지형과 지세를 살피고 험한 요지에 병사를 주둔시켰다. 결국 오의 수군이 돌아갈 때 악풍惡風을 만나 배는 모두 산에 부딪혀 침몰했다. 파도가 거세게 치면서 오의 병사들을 해안가로 데려왔다. "달아난 자는 없었고 그 무리를 모두 포로로 삼았다"라고 기록되어 있다.

전예는 오의 수군이 돌아갈 때 산둥반도의 동쪽 끝인 성산을 경유할 것이라 예상했다. 이 시기는 바람이 거세었기 때문에 원양 항해가 불가능하여 연안 항해를 할 수밖에 없었다. 이에 전예는 성산 일대를 중심으로 방어병력을 배치하고 오의 수군이 돌아가는 것을 기다려 방어에 성공했다. 여기에서 주목되는 부분은 이미 3세기 전반에 전예가 산둥성 일대에 폭풍이 일 것이라는 사실을 인지하고 있었다는 점이다.

나당전쟁 당시 당나라의 주력 전선은 누선樓船이었다. 누선은 무기와 방호체계가 잘 갖춰져 있었다. 하지만 선체가 높고 무거워 안정성과 기동성 면에서는 문제가 있었다. 큰 풍랑을 만나면 조종이 어려웠고 전복될 우려가 있었다. 그리고 당시 배를 정박시킬 때 사용하던 닻이 원주 모양이 아니어서원주 모양의 닻은 송나라 시기가 되어서야 등장한다. 물속에서 제대로 지면을 붙잡아주지 못했다. 이로 인해 당나라의 선박은 정박에 실패하는 경우가 많았다. 누선은 적과의 전투에서는 상당히 강했지만, 풍랑이나 정박에는 취약했던 것이다.

경기만은 넓게 볼 때 북쪽의 장산곶에서 남쪽의 태안반도까지 이어지는 반원형 구역이다. 복잡한 해안선과 여러 섬들로 인해 항해가 쉽지 않다. 게다가 조류가 빠르고 밀물과 썰물의 차이도 크다. 한국전쟁 당시 인천상륙작전의 성공 확률을 낮게 본 것도 이 때문이다.

\* 출처: 구글어스 위성지도.

〈그림 26-2〉

**경기만의 위치**

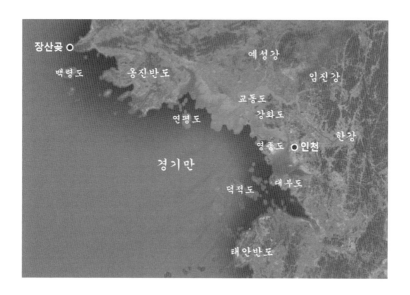

당시 당나라의 수군은 경기만 북부 일대에 정박하고 있었다. 경기만은 황해도의 남해안과 경기도의 서해안 그리고 충청도의 북해안에 둘러싸인 넓은 구역이다. 경기만 일대는 조류潮流바닷물의 흐름가 빠르고 조차潮差밀물과 썰물의 차이가 큰 곳이다. 중국을 포함한 황해에서 가장 조류가 빠른 곳이 경기만 북부다. 특히 장산곶은 유속이 5~7노트에 달한다. 당나라 누선의 속도 2~3노트를 압도한다. 그리고 한국 서해안은 캐나다 동해안, 영국 동해안과 더불어 전 세계에서 대표적으로 조차가 큰 지역이다. 밀물과 썰물의 차이가 크게 날 경우 8미터에 달한다. 이러한 조차로 인해 대형 선박의 정박이 상당히 어려운 곳이다.

경기만에는 예성강, 임진강, 한강의 물이 모두 모여든다. 강화도, 교동도, 석모도, 연평도 등 많은 섬들과 복잡한 해안선을 가지고 있다. 그러다 보니 수로가 복잡해질 수밖에 없다. 여기에 조류와 조차가 더해지니 지역민이 아니고서는 이곳을 통과하기가 쉽지 않았다. 문두루 비법이 시행되고 몇 년 후의 일이다. 675년 9월, 당나라의 수군이 신라인 풍훈을 길잡이 삼아 경기만으로 진입했다. 현지인의 도움을 받지 않고서는 진입이 어려웠던 정황을 잘 보여주는 대목이다.

## 폭풍과 문두루 비법

《구당서》에는 671년 큰 바람이 불어 나무를 부러뜨렸다는 기록이 있다. 나무가 부러지거나 뽑힐 정도면 바람의 속도가 50노트 내외가 되어야 한다. 내륙에서는 보기 힘든 강풍이다. 721년 중국 강남에서 사나운 바람이 불어 선박 1,000여 척이 부서졌다는 기록도 남아 있다. 《삼국사기》에는 670년 당나라로 사신을 보냈으나 바람이 차고 파도가 거세서 미처 갈 수 없었다는 기록이 있다. 671년 당나라 장수 설인귀가 문무왕에게 보낸 편지에는 "바람은 높고 날씨는 절실하다"라는 표현이 보인다. 이렇듯 670년대 초는 바람이 상당히 강하게 불었던 시기였다.

당나라의 전선은 선체가 높아 전복의 위험이 컸고, 당시 닻이 제대로 발달하지 않아 정박에 어려움을 겪었다. 당의 수군이 정박하고 있던 경기만 북부는 조류가 빠르고 조차가 큰 지역이었다. 수로와 해안선이 복잡해 항해도 쉽지 않은 곳이었다. 또한 670년대 초반에는 바람이 강하던 시기여서 당의 선박이 좌초될 가능성이 상당히 높았다. 신라는 당에 관한 정보를 지속적으로 수집하여 당 수군의 취약점을 잘 알고 있었다. 이에 대응하여 방어계획을 수립했고, 이 과정에서 문두루 비법을 시행했던 것이다.

문두루 비법으로 당나라의 수군이 침몰했다는 것은 《삼국유사》에만 기록되어 있고 설화적 요소가 강해 그대로 믿기는 어렵다. 하지만 당시 당 수군의 취약점과 폭풍 발생 가능성을 고려하면 전혀 불가능한 얘기도 아니다. 이와 관련해서 《전당문보유全唐文補遺》에 수록된 곽지해라는 인물이 주목된다. 곽지해는 671년 계림도판관鷄林道判官에 임명되어 압운사押運使 역할을 수행하다가 풍랑으로 인해 배가 부서져 익사했다고 기록되어 있다. 계림은 신라를 나타내는 말이며, 압운사는 물자를 운반하는 직책이다. 즉 곽지해는 671년 나당전쟁에 투입되어 수군을 이끌고 물자 수송을 하다가 실제 풍랑을 만나 익사했던 것이다.

본격적인 당의 공격을 앞두고 신라인들은 불안과 공포에 휩싸였을 것이다. 불안요소를 제거하고 민심을 수습할 수 있는 대대적인 이벤트가 필요했다. 그것이 바로 명랑의 문두루 비법이었다. 신라는 좌초 위험성이 상당히 높은 당의 수군을 향해 문두루 비법이라는 주술적

명랑법사는 신유림神遊林에 비단으로 임시로 절을 짓고 문두루 비
법을 시행했다. 나당전쟁 이후 신라는 그곳에 절을 지었는데, 바로
사천왕사四天王寺다. 신유림은 사천왕사 뒤편의 낭산狼山으로 추정
되고 있다. 낭산 중턱에는 선덕여왕의 왕릉이 위치하고 있다. 일제
강점기 부설된 동해남부선東海南部線 철로가 사천왕사와 낭산 사이
를 갈라놓고 있다.

행위를 했다. 물론 문두루 비법 때문에 당의 수군이 침몰한 것은 아니다. 하지만 우연치 않게 폭풍 등의 이유로 당의 수군이 일부 침몰했고, 일반 백성과 군인들은 문두루 비법의 효과라고 믿게 되었다.

신라 지휘부 입장에서 문두루 비법의 시행과 당 수군의 침몰은 적과 직접 싸우지 않아도 되는 한편, 민심을 수습할 수 있는 계기가 되었다. 명랑법사에게는 사천왕사 건립을 추진하고 자신의 종파를 확대할 수 있는 좋은 기회였다. 누이 좋고 매부 좋은 모습이다. 문두루 비법의 성공은 신라 지휘부와 명랑법사의 합작품이었던 것이다.

이후 나당전쟁은 당군의 공세와 신라의 방어로 진행되었다. 당군의 공격으로 673년까지 신라의 방어선은 임진강까지 내려왔다. 675년이 되면 당군이 임진강선을 돌파하고자 했고, 이 때 신라가 매소성전투에서 승리하면서 당군의 패색이 짙어졌다. 결국 676년 금강 하구의 기벌포전투에서 신라 수군이 승리하면서 나당전쟁은 완전히 종결되었다.

# 27

## 磨斧爲針

도끼를 갈아 바늘로 만들다

# 곽무종의 일본행은
# 신라 수군의 끈질긴 공격 때문이다

## 곽무종은 왜 일본으로 향했을까

671년 11월, 일본 규슈九州에 당의 대규모 선단이 도착했다. 규슈에는
비상이 걸려 허둥지둥 난리가 났다. 이들을 인솔한 사람은 당의 사인
使人 곽무종이었다. 곽무종은 이미 여러 차례 일본으로 파견된 적이
있다. 그런데 671년의 사신단은 그 규모가 예사롭지 않았다. 47척에
2,000명이 승선하고 있었던 것이다. 이전의 사신단 규모와는 비교할
수 없을 정도로 많은 수였다. 곽무종은 왜 2,000명에 달하는 대규모
선단을 이끌고 일본에 도착한 것일까?

이 사건은 사신단의 규모가 컸기 때문에 일본에서 많은 주목을 받
아왔다. 먼저 2,000명의 구성원을 살펴보자. 《일본서기》에 따르면, 당

〈그림 27-1〉

**곽무종의 일본행**

670년 7월에서 671년 7월까지 신라의 웅진도독부에 대한 전격적인 공격이 시작되었다. 671년 후반에는 웅진도독부 대부분이 신라의 수중으로 떨어져다. 이에 대해 당은 웅진도독부를 지원하기 위해 곽무종의 선단을 파견했다. 하지만 신라군의 공격으로 이들은 남쪽으로 쫓겨났다. 비지도에 정박하다가 일본으로 건너가 장기간 체류했다.

* 출처: 구글어스 위성지도.

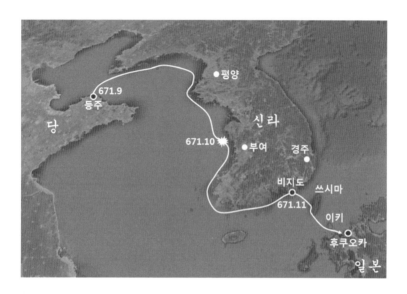

사唐使당나라 사신 곽무종의 600명과 송사送使사람을 실어 나르는 직책 사택손등의 1,400명으로 되어 있다. 당시는 나당전쟁이 한창이었고, 신라군이 옛 백제 지역에 설치된 웅진도독부를 공격하고 있었다. 곽무종은 웅진도독부를 빠져나온 당나라 사람 600명과 옛 백제 사람 1,400명을 인솔해 일본으로 왔다. 이것이 곽무종 선단에 대한 일본의 인식이었다.

1980년대 이후에는 새로운 가설이 등장한다. 송사 사택손등이 인솔한 1,400명은 백제의 피난민이 아니었다는 주장이다. 이 가설에 따르면, 1,400명에는 일본의 견당사<sub>당나라 사절단</sub> 관계자와 663년 백촌강전투에서 포로가 되었던 왜군 병사가 포함되어 있었다. 그리고 견당사 관계자는 그리 많지 않았기 때문에 왜군 포로가 대부분이었다. 한마디로 곽무종은 671년에 왜군의 포로를 송환해 왔다는 말이다.

660년 백제가 멸망하고 백제부흥운동이 일어났다. 오래지 않아 663년에 백촌강전투<sub>백강 혹은 백강구전투라고도 한다. 백촌강은 금강 하구다</sub>가 벌어졌다. 신라·당 연합군과 백제부흥군·왜 연합군의 대결이었다. 백촌강전투에서 당에 포로가 되었던 왜군을 671년 곽무종이 송환해 왔다. 당은 왜 포로를 송환했을까? 웅진도독부를 공격하는 신라를 견제하기 위함이었다. "일본 측이 이미 출병 준비를 끝낸 상태라면, 포로를 태우고 왔던 선박에 일본군을 태워 신라를 공격한다. 출병 준비가 끝나지 않은 상태라면, 무기와 군수물자를 일본 측에 요구한 후 왜군 포로를 무장시켜 신라의 배후를 공격한다"라는 견해까지 나와 있다. 이것이 현재 일본학계의 곽무종 선단에 대한 이해다. 당이 일본에 군사적 지원을 요청하는 모양새다.

## 포로 송환설의 의문점

그러나 이 같은 포로 송환설에는 몇 가지 의문이 남는다. 첫째, 곽무종 선단에 대한 기록상의 문제다. 일본의 입장에서 볼 때 백제 피난민의 도착보다 왜군 포로의 송환이 훨씬 중요한 사안이다. 《일본서기》에는 도착 날짜, 당시 정황, 승선 인원, 선박 수 등이 구체적으로 기록되어 있다. 상당히 신빙성이 높은 기록이다. 그럼에도 왜군 포로를 송환해 왔다는 언급은 전혀 없다. 언급이 없다는 것은 실제로 이들이 왜군 포로가 아니었을 가능성이 높다는 점을 말해준다.

둘째, 대규모 송환이 돌발적으로 이루어진 점이다. 《일본서기》에는 곽무종이 '홀연忽然' 일본에 도착하면 그곳을 지키는 수비군이 놀랄 것이라는 내용이 기록되어 있다. 곽무종은 664년과 665년에 일본으로 온 경험이 있다. 671년의 일본행은 이전보다 훨씬 큰 규모였다. 그럼에도 일본 측은 전혀 인지하지 못했다. 대규모 포로를 송환하고 그 대가로 군사적 지원을 받겠다는 계획에 대한 사전 협의가 없었음을 보여주는 대목이다.

셋째, 왜군 포로의 규모 문제다. 백촌강전투에 왜군이 선발대 5,000명과 본대 2만 7,000명을 투입시켰기 때문에 대규모 포로가 발생했을 가능성은 있다. 하지만 백촌강전투 이후 당과 신라는 고구려 공격을 앞두고 있었기 때문에 일본과의 국교 회복에 적극적이었다. 669년에 일본의 견당사가 당으로 파견되었던 점을 보면, 당과의 관계는 상당 부분 회복되었다고 할 수 있다. 그리고 역사서에도 왜군이 익사했다는 기록은 있으나 항복했다는 기록은 확인되지 않는다.

넷째, 포로 송환의 시기 문제다. 당군이 왜군 포로를 억류한 시점은 663년이다. 곽무종이 이들을 송환한 것은 671년이다. 이미 8년이 지난 상태에서 1,400명에 달하는 대규모 포로를 사전 협의 없이 급하게 당나라 곽무종 사신단 2,000명이 주둔한 규슈 후쿠오카현福岡県 다자이후시太宰府市 하카타구博多區 정청政庁(정무를 행하는 관청) 터의 도독부고적지都督府古趾 비석. 일본에서는 곽무종이 671년에 왜군의 포로를 송환해 왔다는 가설을 제기했다. 그러나 이 같은 포로 송환설은 기록 문제, 송환의 돌발성 문제, 왜군 포로의 규모 문제, 포로 송환 시기 문제, 포로의 재무장 문제 등 때문에 의문이 많이 남는다.

송환했다는 것은 부자연스럽다. 게다가 포로를 보전하기 위해서는 이들을 수용하기 위한 시설을 만들고, 이들을 관리하기 위한 인원을 배치해야만 한다. 수천 명에 달하는 포로를 수년간 먹이고 재우며 억류해왔다고 보기 어렵다. 당의 변경 수비군의 병력 교대는 1~2년 사이에 이루어지며, 최대 4년인 점도 참고가 된다.

다섯째, 포로의 재무장 문제다. 설령 이들이 왜군 포로라고 하더라도 여전히 의문은 남는다. 이미 8년간 포로 생활을 경험한 이들의 사기와 훈련도는 최저라고 할 수 있다. 이미 자신의 조국에 돌아온 상태에서 다시 당군을 위해 적극적으로 전투에 임할 가능성은 낮다. 만약 포로 1,400명이 무장한다면, 이들을 인솔하는 당군 600명을 압도하게 된다. 당이 이러한 위험을 고려하지 않고 실용성이 떨어지는 포로들을 재무장시킨다는 것은 생각하기 어렵다.

## 곽무종 선단의 일본행 이유는

곽무종이 일본으로 향하던 671년의 상황을 살펴보자.

> (671년) 10월 6일, 당나라 조선漕船 70여 척을 공격하여, 낭장 겸이대후와 사졸 100여 명을 사로잡았다. 물에 빠져 죽은 자는 이루 셀 수 없었다.
> – 《삼국사기》 권7, 문무왕 11년

> (671년) 11월 2일, 당나라 사인 곽무종 등 600명, 송사 사택손등 등 1,400명, 도합 2,000명이 선박 47척에 나누어 타고 비지도比知嶋에 정박하고 있습니다.
> – 《일본서기》 권27, 천지 10년

《삼국사기》와 《일본서기》의 기록은 시기, 규모, 구성, 정황 등에서 유사한 부분이 많다. 당의 조운선은 671년 10월 신라 수군의 공격을 받았고, 곽무종 선단은 11월에 사전 통보 없이 일본으로 향했다. 당의 조운선은 10월 초에 옛 백제 지역에서 공격을 받았고, 곽무종 선단은 11월 초에는 남해의 비지도에 도착해 있었다. 당의 조운선은 70여 척이었는데, 신라의 공격을 받아 일부 손실을 입었다. 곽무종의 선단은 47척이었다.

신라는 671년 10월 당의 조운선을 공격해 병선낭장兵船郎將이었던 겸이대후를 비롯해 왕예, 왕익, 예군, 법총 등을 사로잡았다. 왕예는 내주사마萊州司馬, 왕익은 본열주장사本烈州長史, 예군은 웅진도독부사마熊津都督府司馬, 법총은 증산사마曾山司馬였다. 왕예와 왕익은 당군, 예군과 법총은 백제 유민이었다. 왕예의 직책에 보이는 내주萊州는 중국 산둥반도의 당 수군기지가 위치한 곳이다. 그리고 예군의 직책에 보이는 웅진도독부는 옛 백제 지역이다. 671년 신라 수군의 공격을 받은 당의 조운선은 산둥반도에서 웅진도독부로 향하던 중이었다.

당의 조선漕船[물자를 운반하는 선박]은 웅진도독부에 군수물자를 공급하고자 했고, 곽무종의 선단에는 송사 사택손등이 승선하고 있었다. 여기에서 당사 곽무종과 함께 등장하는 송사 사택손등을 주목할 필요가 있다. 사택손등은 백제 멸망 후 의자왕과 함께 당에 끌려간 인물이다.

송사는 일반적으로 사람[人]을 운송하는 직책으로 인식되어왔다. 사택손등이 인솔한 1,400명을 백제의 피난민이나 왜군 포로로 보는 경향이 강했던 것은 이 때문이다. 송사는 사람을 수송하는 것이 기본이지만, 물物을 수송하는 의미도 자연스럽게 포함되어 있다. 송사 사택

곽무종이 정박하고 있던 비지도는 경상남도 통영시의 비진도比珍島로 비정된다. 비진도는 통영에서 남쪽으로 10킬로미터 정도 떨어져 있으며, 두개의 섬이 남북으로 연결되어 있다. 비지도를 출발한 곽무종은 쓰시마섬과 이키섬을 지나 후쿠오카의 하카타로 들어갔을 것이다.

손등은 당 본국으로부터 사람과 물자를 운반하는 책임자였다. 당에 체류하고 있던 웅진도독부 관계자, 백제 유민, 일본의 일부 견당사 관계자 등을 수송하는 한편, 웅진도독부를 지원하기 위한 군수물자를 운반하고 있었던 것이다.

이런 시각에서 보면 곽무종의 일본행에 대한 의문점이 어느 정도 풀린다. 당은 신라의 공격을 받아 유명무실해진 웅진도독부를 지원하고자 했다. 곽무종과 사택손등으로 하여금 병력과 군수물자를 담당케 했다. 하지만 이들의 움직임은 신라 수군에게 발각되었다. 신라 수군의 끈질긴 공격으로 곽무종 선단은 웅진도독부에 상륙하지 못했다. 남쪽으로 밀려난 곽무종 선단은 결국 사전 통보 없이 일본 규슈로 향할 수밖에 없었던 것이다.

# 28

# 口蜜腹劍

입에는 꿀을 바르고 배에는 칼을 품는다

# 오직 살아남는 데에만
# 집중하다

## 전연의 맹약

당나라가 멸망하고 송나라가 들어섰다. 송이 중원을 통일할 무렵, 북방에서는 거란족이 세력을 확대하고 있었다. 916년 거란의 야율아보기는 요遼를 건국하고, 926년에 발해를 멸망시켰다. 야율아보기를 이어 즉위한 요 태종은 연운燕雲 16주를 확보했다. 연운 16주는 만리장성 이남의 중원 지역에 해당한다. 만리장성은 중원 지역과 유목 지역을 가르는 경계에 해당하는데, 거란이 중원 지역의 북부 일부를 장악한 것이다. 송은 연운 16주를 회복하기 위해 끊임없이 노력했지만 뜻대로 이루어지지 않았다.

연운 16주를 비롯하여 중국 동북방을 장악한 요의 국력은 점차 신장되었다. 요 성종은 송을 공격하여 중원으로 들어가려 했다. 1004년 20만 대군을 동원하여 남하했다. 당시 송의 수도는 변경汴京 카이펑이었다. 요의 대군이 남하하면서 변경을 압박했다. 하지만 요군이 송군을 압도하지는 못했고, 송군도 요군을 밀어낼 역량이 부족했다. 점차 전선은 교착상태에 빠지기 시작했고, 서로 화의를 모색하게 되었다. 결국 하남성 전연澶淵이라는 곳에서 송과 요는 조약을 맺었다. 이른바 전연의 맹약 혹은 전연의 맹이라 한다.

전연의 맹약을 통해 송은 명분을 얻었다. 송과 요가 형제의 나라가 되기로 하면서 송은 형, 요는 동생이 되었기 때문이다. 그리고 연운 16주는 요가 장악하는 것을 인정하고, 매년 요에 비단 20만 필과 은 10만 냥을 보내기로 했다. 송의 경제력이 뒷받침되었기 때문에, 요에 보내는 세폐歲幣는 크게 부담스럽지 않았다. 송은 명분을 얻고, 요는 실리를 챙겼던 것이다. 하지만 중원 왕조와 북방 유목민족이 형제가 되었다는 점과 연운 16주를 포기해야 했다는 점에서 송의 명분은 빛이 바랬다. 아무튼 이후 송과 요는 100여 년간 평화를 유지했다.

## 신라의 사죄사, 살아남기 위해 자존심을 버리다

신라 최후의 전쟁이 시작되었다. 이른바 나당전쟁(669~676)이다. 신라는 과거 연합국이었던 당과 전쟁을 해야만 했다. 당은 중국 역사상 가장 강대한 왕조라고 평가되고 있다. 주변 민족이나 국가들은 어김없이 당에 깨져나갔고 무릎을 꿇었다. 하지만 신라는 당과의 전쟁에서 살아남았다. 살아남고자 하는 자에게 명분이나 자존심은 필요 없었다. 신라는 전투에 적극적이었지만, 머리를 숙이는 것도 잘했다.

669년 5월, 신라는 당으로 사죄사를 파견했다. 옛 백제 지역에 설치된 웅진도독부를 신라가 침범했기 때문이다. 신라와 당 사이의 영토 분쟁은 이미 669년부터 시작되고 있었던 것이다. 웅진도독부를 침범한 사안을 사죄하기 위한 사신은 각간 김흠순과 파진찬 김양도로 정해졌다. 김흠순은 김유신의 동생이자 문무왕의 외숙이었다. 김양도는 여러 차례 당에 다녀온 고위 귀족이었다. 670년 1월, 당 고종은 김흠순의 귀국을 허락했다. 하지만 김양도는 당에 계속 억류되었고, 결국 감옥에서 죽고 말았다.

672년 9월, 신라는 다시 당으로 사죄사를 보냈다. 이번에는 급찬 원천과 나마 변산이 그 역할을 담당했다. 김흠순과 김양도에 비해 훨씬 하위직 관료였다. 이때 신라는 억류하고 있던 당의 관리와 백제 유민을 포함해 병사 170명을 함께 보냈다. 신라가 포로로 삼았던 당군 170명을 사죄사와 함께 송환했던 것이다. 신라는 사죄문도 작성했다. "뼈가 가루가 되고 몸이 부서져도 황제의 은혜를 갚을 수 없습니다." "황제 폐하의 밝으심은 해와 달과 같습니다." "용서하시고 목숨을 보전해 주신다면, 비록 죽어도 산 것과 다름없습니다." "삼가 원천 등을 보내어 사죄드리고, 황제의 말씀을 엎드려 듣겠습니다." 사죄문에서 확인할 수 있듯, 완전히 저자세를 취하고 있다. 아울러 조공도 바쳤다. 금, 은, 구리, 포목, 우황, 바늘에 이르기까지 막대한 양을 보냈다. 이 해 신라는 곡식이 귀하고 기근이 들었다고 기록되어 있다.

675년 2월, 신라는 또다시 당으로 사죄사를 파견했다. 《삼국사기》에는 신라가 고구려 유민을 받아들이고 웅진도독부를 장악했기 때문이라 되어 있지만, 실제로는 신라가 나당전쟁을 통해 당에 적극적으로 맞섰기 때문이다. 당 고종은 문무왕의 관작官爵을 없애버리고, 당에 머물고 있던 문무왕의 동생 김인문을 신라 왕으로 세워 귀국케 했다. 신라가 오랫동안 당에 조공을 보내고 책봉을 받아온 관계를 깨버린 것이다. 하지만 신라가 사죄사를 파견하고 용서를 구하자, 당 고종은 허락했다. 문무왕의 관작은 회복되었고, 신라로 귀국하던 김인문은 도중에 다시 당으로 돌아갔다.

## 신라의 외교전략, 오직 살아남는 것에만 집중하라

나당전쟁을 수행하면서 신라는 당에 사죄사를 세 차례나 보냈다. 전쟁 도중에 사죄사를 파견하는 자체가 이상하다. 신라가 보낸 사죄사를 받아들이고 이를 허용하는 당도 마찬가지다. 신라와 당의 태도는 의문투성이다.

신라의 경우 견당사로 당에 다녀온 후에는 출세가 보장되는 경우가 많았기 때문에, 위험을 무릅쓰고 당으로 건너가는 사례가 많았다고 한다. 사죄사를 파견하면서 당의 내부 사정을 파악하는 통로가 되기도 했을 것이다. 이러한 점에서 신라의 입장은 어느 정도 이해가 된다. 당의 입장에서 보자. 제한적이긴 하지만 신라 사죄사를 통해 어느 정도 정보를 수집하고, 여론 형성에 활용했을 가능성이 높다. 백제와

670년 신라군은 고구려부흥군과 함께 대동강을 중심으로 방어선을 형성했다. 하지만 671년부터 당군이 남하하기 시작했다. 672년 석문전투의 패배로 신라는 예성강 방어선에서 물러나야만 했다. 675년에는 당군이 칠중성을 공격하여 신라의 임진강 방어선은 무너지게 되었다. 하지만 신라군이 매소성전투에서 승리하면서 당군의 한강 방어선 돌파는 좌절되었다.

* 출처: 구글어스 위성지도.

고구려를 멸망시킨 당이 변방의 소국인 신라를 쉽게 무너뜨리지 못한다는 것은 부끄러운 일이었다. 전쟁이 장기화될수록 비난 여론은 거세어졌다. 당은 신라의 사죄사를 받아들임으로써, 반대세력의 불만을 잠재우고 전열을 정비하기 위한 시간벌기에 나섰던 것으로 보인다.

중국 남부의 복건성 수산壽山이라는 곳에서 생산되는 돌을 수산석이라 한
다. 중국에서는 수산석으로 만든 도장을 명품으로 친다. 아래는 청나라 시
기 수산석으로 만든 꿀벌도장이다. 꿀벌은 입에는 꿀을 머금고 배에는 독
침을 품고 있다.

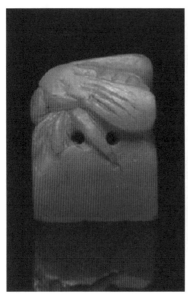

신라 사죄사와 관련하여 흥미로운 점이 있다. 신라는 669년 5월에
1차 사죄사를 파견한 후, 비밀리에 설오유의 요동 공격부대를 편성했
다. 설오유 부대는 670년 3월 압록강을 건너 오골성을 기습했다. 672
년 9월에는 2차 사죄사를 보낸 후, 전국적으로 성을 쌓아 방어망을 구
축했다. 이후 신라는 당군의 공세에 적극적으로 나서지 않고 성을 중
심으로 방어에 주력했다. 675년 2월에 3차 사죄사를 파견한 후에는

병력을 한강 이북 지역으로 집결시켰다. 675년 9월 신라가 매소성에서 승리하면서 나당전쟁의 결과는 신라 쪽으로 기울었다.

신라는 전쟁 상대국에 고개를 숙이며 굴욕적인 사죄를 했다. 당군의 공세가 높아지면 조공하면서 당 조정을 달랬다. 그 사이 전열을 가다듬고 다음 전투를 준비했다. 군사적 공격과 외교적 유화를 적절하게 구사했던 것이다. 신라는 최강대국 당과 홀로 싸워야만 했다. 명분이나 굴욕 따위는 크게 문제되지 않았다. 신라는 오직 살아남는 것에만 열중했고, 결국 살아남았다.

# 29

# 千軍萬馬

천 명의 병사와 만 마리의 말처럼 아주 많은 군사

# 삼국통일 후
# 부대를 개편하다

## 삼국통일과 부대 개편

삼성그룹은 크게 전자, 중공업·건설, 화학, 금융, 서비스 계열로 나뉜다. 전자 계열은 삼성전자, 삼성디스플레이, 삼성SDI, 삼성전기, 삼성SDS, 삼성코닝으로 다시 나뉜다. 각 계열사는 일반적으로 임원 아래에 부장-차장-과장-대리-사원이라는 5단계의 직급을 둔다. 이것이 일반적인 회사조직의 구조다. 각 그룹별로 주력하는 사업이 다르기 때문에 계열사의 규모가 차이가 난다. 각 계열사 내에서도 부서별로 업무가 다르기 때문에 인원이 다르게 배치된다. 이러한 회사조직과 유사한 것이 바로 군대조직이다. 회사는 이윤을 위해, 군대는 전쟁을 위해 조직을 효율적으로 편성하고 유지할 필요가 있다.

신라는 676년에 삼국을 통일했다. 삼국을 통일한 문무왕과 뒤를 이어 즉위한 신문왕 시기는 강력한 중앙집권체제가 확립되던 때였다. 영토가 확대되면서 중앙과 지방의 여러 제도들이 변화·정비되었다. 군사조직 또한 이 시기에 대대적으로 개편되었다. 방만하고 중복된 군사조직을 정리하고, 확대된 영역에 걸맞게 부대를 재배치하거나 증설할 필요가 있었다. 이를 효과적으로 시행하기 위해 새로운 명칭을 도입할 필요성도 제기되었다. 군사조직은 발전적으로 해체, 재편, 증편되었다.

《삼국사기》〈무관조〉에는 신라가 삼국을 통일한 후 부대를 새롭게 개편하고 정리한 기록이 남아 있다. 23개의 군호軍號가 그것이다. 23군호는 23개의 부대 명칭이다. (1) 6정六停, (2) 9서당九誓幢, (3) 10정十停, (4) 5주서五州誓, (5) 3무당三武幢, (6) 계금당罽衿幢, (7) 급당急幢, (8) 사천당四千幢, (9) 경오종당京五種幢, (10) 이절말당二節末幢, (11) 만보당萬步幢, (12) 대장척당大匠尺幢, (13) 군사당軍師幢, (14) 중당中幢, (15) 백관당百官幢, (16) 사설당四設幢, (17) 개지극당皆知戟幢, (18) 삼십구여갑당三十九餘甲幢, (19) 구칠당仇七幢, (20) 이계二罽, (21) 이궁二弓, (22) 삼변수당三邊守幢, (23) 신삼천당新三千幢이다.

23군호는 군관조직을 통해 볼 때 가장 중요한 부대순으로 정리된 것으로 보인다. 이 가운데 비교적 체계적인 군관조직을 보여주는 것은 6정, 9서당, 10정, 5주서, 3무당, 계금당이다. 이들 신라군은 모두 왕궁인 반월성을 본뜬 반달 모양의 휘장을 옷에 부착했다. 한마디로 반달왕국의 군대였다.

676년 삼국을 통일한 문무왕의 뒤를 이어 681년 신문왕이 즉위한다. 신
문왕은 강력한 중앙집권체제를 구축하기 위해 중앙·지방의 여러 조직과
제도를 대대적으로 정비했다. 군사조직도 이 시기를 전후하여 23군호로
개편되었다. 새롭게 개편된 신라군은 모두 왕궁인 반월성을 본뜬 반달 모
양의 휘장을 옷에 부착했다.

〈그림 29-1〉

**반월성**

# 6정, 9서당, 10정

신라군의 부대 명칭에는 정停과 당幢이 많이 들어가 있다. 정은 부대 주둔지, 당은 부대 깃발의 의미가 강하다. 중국 위진남북조 시기에는 부대를 주로 군軍-당幢-대隊로 나누었다. 대체로 군은 수천 명, 당은 수백 명, 대는 수십 명 단위였다. 신라의 부대명은 주변국의 영향을 어느 정도 받았지만, 독자적인 명칭도 그대로 사용되었다. 당幢이라는 명칭은 중국이나 고구려를 통해 신라에서 유입된 것으로 여겨진다. 하지만 정停이라는 명칭은 중국에서 사용된 적이 없다.

6정과 9서당은 신라 군사조직의 핵심 군단이다. 군관조직 편성에서도 다른 군단과 확연한 차이를 보여준다. 6정의 경우 주로 보병을 통솔하는 군관으로 구성되어 있다. 반면에 10정, 5주서, 계금당의 경우는 기병을 통솔하는 군관이 많이 편성되어 있다. 이러한 군관 구조를 통해 봤을 때 신라의 군사조직은 보병 중심의 6정 군단을 기병 중심의 10정, 5주서, 계금당이 보완하는 체제로 이루어진 것으로 이해된다.

한편 6정이 삼국통일 이후 발전적으로 해체되어 10정으로 편성되었다는 견해가 있다. 6정 가운데 대당을 제외한 5정의 금색衿色이 10정으로 거의 승계된다는 점에서 일부 수긍이 되는 면이 있다. 하지만 군관 관등의 하락, 군관 자체수의 급감, 주력 병종의 변화 등 군관조직상에서 볼 때 직접적인 관련성은 적은 것으로 여겨진다.

9서당은 6정에 버금가는 핵심 군단이다. 오히려 군관의 다양성에서 6정을 앞서고 있다. 기존의 서당, 낭당, 장창당을 녹금서당, 자금서

6정六停은 신라의 주력군단이다. 수도에 주둔한 대당大幢, 경상도 북부의 귀당貴幢, 경상도 남부의 하주정下州停, 경기도 지역의 한산정漢山停, 강원도 북부의 우수정牛首停, 강원도 남부의 하서정河西停이다. 신라는 영토를 확장하는 과정에서 점령지에 주州를 설치하고 정停을 배치했다. 삼국통일 후 신문왕은 하주정을 완산정完山停으로 개편하면서 전라도로 이동시켰다.
* 출처: 구글어스 위성지도.

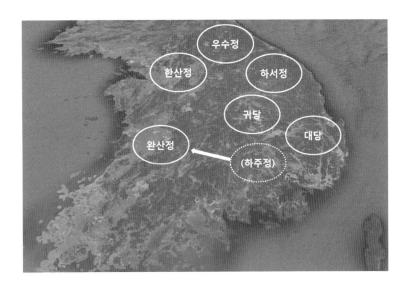

당, 비금서당으로 개편하고, 6개의 서당을 순차적으로 창설했다. 9서당은 신라인 부대 3개, 고구려인 부대 3개황금서당, 벽금서당, 적금서당, 백제인 부대 2개백금서당, 청금서당, 말갈인 부대 1개흑금서당로 구성되어 있다. 신라가 통일 이후 삼국 통합이라는 명분을 살리면서 실질적으로는 이들에 대한 통제를 강화하기 위해 편성한 것이다. 신라 영역 내로 들어온 여러 세력의 지배층을 9서당의 상급 군관으로 조직하고, 이를 통해 각 세력의 하층민을 포섭하려는 의도가 반영된 조직이다.

10정은 신라의 전국 9주에 설치된 부대다. 신라는 통일 후 전국을 9주로 나누고, 주별로 각각 하나의 정停을 설치했다. 한주漢州는 다른 주에 비해 관할구역이 넓고 군사적으로 중요했기 때문에 2개의 정을 설치하여 총 10정이 되었다. 10정은 보병 군관보다 기병 군관이 두드러진다. 이 때문에 10정을 기병 중심의 군단으로 보는 경향이 강한 편이다.

## 불필요하거나 중복되는 조직 정리하고 효율성 강화

5주서는 말 그대로 5개 주에 설치된 부대다. 경상남도 진주 지방에 청주서菁州誓, 전라북도 전주 지방에 완산주서完山州誓, 경기도 광주 지방에 한산주서漢山州誓, 강원도 춘천 지방에 우수주서牛首州誓, 강원도 강릉 지방에 하서주서河西州誓가 각각 설치되었다. 5주서는 관련 기록이 적고 부대 활동상이 제대로 드러나 있지 않다. 그리고 6정 및 10정의 부대 배치 지역과 중복되어 성격을 파악하기 어렵다. 5주서 가운데 우수주서와 하서주서는 청주서, 완산주서, 한산주서와 달리 군관조직이 상당히 결여되어 있다.

3무당은 백금무당白衿武幢·적금무당赤衿武幢·황금무당黃衿武幢을 말한다. 백금무당은 675년(문무왕 15), 적금무당은 687년(신문왕 7), 황금무당은 689년(신문왕 9)에 설치되었다. 설치 시기나 군관의 구성으로 보아 9서당에서 파생된 부대로 추정하는 견해가 있으나 확실하지는 않다.

계금당은 무열왕대에 설치되었으며, 기병 중심으로 부대가 편성되었다. 통일전쟁기에 주로 독립부대로서 활약했다. 《삼국사기》에는 신라의 고구려 원정군 편성 시 계금대감과 계금당총관이라는 용어가 사용되었음이 확인된다. 661년 행군 편성 당시 모든 부대는 장군들이 총관으로 임명되어 부대를 인솔했다. 하지만 유일하게 계금당만 대감으로서 부대를 통솔한 것으로 되어 있다. 각 부대명과 장군명이 나열되는 상황에서 계금당의 수장은 장군보다 한 등급이 낮은 대감의 관직으로 장군들과 같이 언급되고 있다. 이러한 사실에서 계금당은 주요 부대에 비해 부대 규모는 작지만, 기병을 특화하여 임무상으로는 주요한 역할을 했던 것으로 추정된다.

한편 《삼국사기》〈무관조〉에는 신라의 군관들도 나열되어 있다. 장군, 대관대감, 대대감, 제감, 감사지, 소감, 화척, 군사당주, 대장척당주, 보기당주, 삼천당주, 착금기당주, 비금당주, 사자금당주, 법당주, 흑의장창말보당주, 삼무당주, 만보당주 등이다. 이 가운데 먼저 언급되는 장군에서 화척까지가 부대의 근간이 되는 군관이었던 것으로 여겨진다. 그리고 군사당주부터 당주幢主자가 들어가는 군관들은 배속 부대장이거나 소규모 독립부대장이었던 것으로 판단된다.

신라의 군부대에 대한 연구는 앞으로 더 진전되어야 한다. 불명확한 부분이 아직 많이 남아 있기 때문이다. 연구자별로 보는 시각도 다양한 편이다. 다만 고대에도 조직을 효율적으로 운용하기 위해 일정

681년 삼국을 통일한 문무왕이 사망하자, 아들인 신문왕이 그 뒤를 이었다. 문무왕과 신문왕은 왕권 강화에 힘썼고, 그 기반이 되는 중앙 군사조직에 대한 창설이나 개편에도 적극적이었다. 문무왕은 사망 후 감포 앞바다의 대왕암에 유골이 뿌려졌다. 죽어서도 동해를 지키는 용이 되고자 했던 것이다. 신문왕릉은 경주시 동남쪽의 배반동에 위치하고 있다.

한 원칙을 가지고 편성했던 것만은 틀림없다. 비대해진 멧돼지를 날렵한 사냥개가 잡는 법이다. 불필요하거나 중복되는 조직을 정리하고 효율성을 높이는 것은 어느 시대에나 적용되는 사안이다.

# 30

## 兎死狗烹

토끼를 잡고 나면 사냥개를 삶아 먹는다

# 반란을 진압하고
# 왕권을 강화하다

## 측천무후, 중국 역사상 유일무이한 여황제의 등장

중국 역사에서 유일한 여자 황제는 측천무후則天武后(624~705)다. 무측천武則天이라 부르기도 한다. 측천무후는 당나라 고종의 황후였는데, 고종 말년부터 실권을 쥐고 있다가 고종이 사망하자 권력을 장악했다. 당 고종을 이어 자신의 셋째 아들을 중종으로 즉위시켰다가 곧 폐위시켰다. 다시 자신의 막내아들을 즉위시켰는데 그가 예종이다.

　측천무후는 예종이 즉위하자 정치 전면에 나섰다. 실권을 장악하고 모든 정사를 직접 처리했다. 자신의 조상인 무씨의 7묘를 세웠다. 묘제를 쓸 때 황제는 7묘, 제후는 5묘가 기본이다. 그런데 무씨 조상을 7묘로 세워 묘제를 황제에 버금가게 만들었던 것이다. 수도인 장안을 대신해 낙양을 신도神都라 명명하고 실질적인 수도로 삼았다. 이 과정에서 수백 명의 황족과 귀족 그리고 관료들이 좌천되거나 유배되었다. 측천무후에게 건국공신이나 전쟁공신은 걸림돌일 뿐이었다. 중종의 폐위, 예종의 나약함, 측천무후의 섭정은 많은 불만을 초래했다. 게다가 자연재해도 빈발했고, 이민족의 침입도 잇달았다. 민심이 더욱 어수선해졌다.

중앙정계에서 밀려나거나 좌천당한 세력들이 속속 결집하기 시작했다. 이들은 북방 정권에 대해 반감이 높고 독립 성향이 비교적 강했던 중국 강남으로 몰려들었다. 강남의 경제 중심지 양주楊州가 대표적이었다. 684년 9월, 이경업李敬業은 이들 세력을 규합해 양주에서 거병했다. 중종 복위를 명분으로 각 주州에 측천무후를 토벌한다는 격문을 돌렸다. 세력은 빠르게 확장되어 10일 만에 병력이 10만여 명으로 불어났다. 이들은 북상하지 않고 남쪽으로 세력을 확대해나갔다. 수당의 남북조 통일 이후에도 아직까지 분열할거적 성향이 남아 있던 강남 지역을 공략한 것이었다.

하지만 측천무후도 만만한 인물이 아니었다. 이경업의 반란을 조기에 진압해야 한다고 판단하고 대대적인 진압군을 편성했다. 지방에서 일어난 반란 평정에 무려 30만 명을 동원했다. 진압군의 조기 대응과 반란군의 병력 부족으로 결국 이경업의 반란은 40일 만에 막을 내렸다. 강력하게 반란을 진압한 측천무후에게 더 이상 적대세력은 존재하기 어려웠다. 690년 9월, 측천무후는 예종을 폐위시키고 자신이 직접 황제에 올랐다. 국호를 대주大周라 하고 낙양현 뤄양으로 수도를 옮겼다. 중국 역사상 유일무이한 여황제의 탄생이었다.

## 이경업과 흑치상지

이경업의 반란에는 우리 역사와 관련되는 부분들이 있다. 원래 이경업은 이적의 손자였다. 이적은 당 고종 시기 신라와 연합하여 고구려를 멸망시킨 장본인이다. 당의 대표적인 전쟁공신으로 권력의 핵심에 있던 인물이었다. 당시 군부세력이 중앙정계를 장악하고 있었기 때문에 이경업은 출세가 보장된 인물이었다. 하지만 고종 사망 후 측천무후의 섭정으로 자신과 가족들이 좌천되자 불만을 품기 시작했다.

반란군 진압에 동원된 30만 명에는 흑치상지가 포함되어 있었다. 흑치상지는 백제의 대표적인 무장으로서 당군과 치열하게 싸웠던 인물이다. 결국 백제가 멸망하자 당으로 건너가 당에서 인정받는 무장이 되었다. 진압군은 주력부대와 별동부대로 나뉘었다. 이효일이 주력부대를 이끌고 대운하를 따라 남하했고, 흑치상지는 별동부대를 거느리고 사천 지역으로 우회하면서 장강을 따라 동진했다. 흑치상지의 부대가 도착하기 전에 이경업의 반란은 진압되고 말았다.

또한 《자치통감》에는 와해된 이경업의 잔당 중 일부가 "고(구)려로 건너가려 했다"라는 기록이 남아 있다. 이들이 고구려라고 말한 곳은 요동 지역일 수 있다. 하지만 684년에는 고구려가 이미 멸망하고 없었다. 668년 고구려가 멸망한 것을 이들이 모를 리가 없었다. 고구려를 멸망시킨 장본인 이적의 손자가 바로 이경업이었기 때문이다. 684

684년 이경업의 난은 분열할거적 성향이 강하던 중국 강남 지역에서 발생했다. 이효일의 진압군은 대운하를 따라 양주를 공격했고, 흑치상지의 별동대는 크게 우회하여 장강을 따라 남하했다. 684년 보덕성민의 난은 고구려 유민들이 옛 백제 지역에서 일으킨 것이다. 신라는 빠르게 진압군을 편성한 후 보덕성을 점령하고, 그곳의 주민들을 남쪽 지방으로 옮겨버렸다.
\* 출처: 구글어스 위성지도.

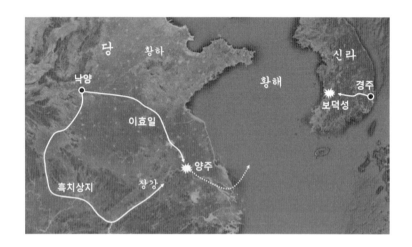

년 당시 고구려 유민들은 신라의 도움을 받아 신라 영토 내에 보덕국報德國이라는 나라를 세운 상태였다. 혹시 고구려 유민들이 세운 보덕국의 존재가 이경업의 잔당에게 알려졌을지도 모른다.

## 보덕국의 반란, 왕권 강화의 계기

668년 고구려가 멸망한 후 옛 고구려 지역에서는 부흥운동이 거세게 일어났다. 670년 4월, 검모잠은 안승을 왕으로 추대하고 당나라에 대항했다. 신라에도 협조를 요청했다. 신라는 8월에 안승을 고구려 왕으로 봉하고 고구려 부흥운동을 직간접적으로 지원했다. 이후 부흥세력에서 내분이 일어나 안승이 검모잠을 죽이고 신라로 귀부했다. 신라는 안승 집단을 금마저金馬渚로 안치시켰다. 금마저는 옛 백제 지역으로 전라북도 익산 일대. 신라가 고구려 유민 집단을 옛 백제 지역에 안치시킨 것은 두 세력이 서로 견제하는 편이 자신에게 유리했기 때문일 것이다.

이후 신라는 나당전쟁 중인 674년에 안승을 보덕왕으로 봉했다. 신라에 의해 고구려 유민의 나라인 보덕국報德國이 탄생했다. 신라는 고구려 유민을 당나라와의 전쟁에 적극 활용했다. 676년 나당전쟁이 종결되고, 신라는 삼국을 통일했다. 680년에는 문무왕이 안승에게 금은과 비단을 보내는 한편, 질녀姪女를 시집보내기도 했다. 이때까지 보덕국은 신라로부터 일정한 대우를 받고 있었다.

삼국을 통일한 문무왕이 681년에 사망하고, 그의 아들 신문왕이 즉위했다. 그런데 신문왕이 즉위하던 해에 김흠돌의 반란이 일어났다. 소판蘇判 김흠돌, 파진찬 홍원, 대아찬 진공 등 중앙의 고위귀족이 대거 참여하고, 병부령이었던 군관軍官까지 연루된 사건이었다. 중앙정계에 피바람이 불었다. 신문왕은 반란을 진압하고 왕권을 안정시키기 위해 노력했다. 한편으로 김흠돌의 반란은 신문왕이 중앙의 반대파를 숙청하는 계기가 되기도 했다. 신문왕은 귀족세력을 견제하면서 중앙집권을 강화해나갔다. 이제 중앙의 반란을 잠재운 신문왕에게 위협적

〈그림 30-2〉

**배장대와
한신 석상**

중국 섬서성 한중 시漢中市 동남쪽에 배장대拜將臺가 있다. 한나라 고조 유
방劉邦이 한신韓信을 장군으로 임명하면서 쌓은 축대다. 한신은 강소성 회
음현 출신으로 유방의 가장 유능한 장수였고, 한나라가 항우의 초나라를
이기는 것에 결정적인 역할을 했다. 하지만 유방이 황제에 오르자 군사력
이 뛰어난 한신은 걸림돌이었다. 결국 토사구팽당하고 말았다.

인 세력은 거의 남아 있지 않았다. 다만 옛 백제 지역에 세워진 보덕국이 신경 쓰일 뿐이었다.

683년 10월, 신문왕은 보덕왕 안승을 수도인 경주로 불러들였다. 안승을 소판으로 삼고 김씨 성과 토지를 하사한 후 경주에 머무르게 했다. 안승을 금마저에 있는 보덕국과 완전히 분리해버린 것이다. 안승이 없어진 보덕국에는 점차 신라의 행정력이 강화되기 시작했다. 결국 이러한 조치에 불만을 품은 대문大文이 모반을 시도하다가 처형당했다. 684년 11월의 일이다. 대문이 처형당하자 보덕성의 주민들이 신라의 관리를 죽이고 반란을 일으켰다. 보덕국의 난 혹은 보덕성민의 난이라고도 한다. 하지만 반란은 곧 진압되었고, 보덕국의 주민들은 남쪽의 주군으로 강제 이주당했다. 그리고 그들이 살던 곳은 금마군金馬郡으로 개편되었다.

이경업의 반란과 보덕성의 반란은 닮은 점이 많다. 모두 684년 지방에서 일어났다. 반란의 직접적인 원인은 측천무후와 신문왕이 제공했다. 그리고 반란은 어렵지 않게 빠르게 진압되었다. 반란 진압 후 측천무후는 황제가 되었고, 신문왕은 강력한 중앙집권을 이루었다. 반란은 진압의 두 주체에게 권력을 강화할 수 있는 계기가 되었던 것이다. 두 지도자가 묘하게 겹쳐 보이는 것은 왜일까? 686년 신문왕은 측천무후에게 사신을 보내 예기禮記와 문장文章에 관한 서적을 청했고, 측천무후는 이와 관련된 50권을 만들어 보냈다.

# 31

# 燈下不明

● 불을 켠 등잔 밑이 가장 어둡다

# 경주에서 달구벌로의
# 수도 천도를 계획하다

## 달구벌 천도 시도, 왜?

문무왕은 삼국을 통일했다. 그의 아들 신문왕은 통일된 신라를 9개의
주州로 나누고, 5개의 소경小京을 설치해 지방 제도를 개편했다. 9주
는 원신라 지역 3곳, 옛 백제 지역 3곳, 옛 고구려 지역 3곳으로 설정
했다. 소경은 옛 백제 지역 2곳, 옛 고구려 지역 2곳, 옛 가야 지역 1곳
에 두어 행정을 보완했다. 원신라 지역에는 소경이 만들어지지 않았
고, 수도 경주는 여전히 동남쪽에 치우쳐 있었다. 신라에서 수도 천도
는 한 번도 고려되지 않았던 것일까? 신문왕은 경주에 있던 수도를
달구벌대구로 옮기고자 했다.

가을 윤9월 26일에 장산성獐山城으로 순행했다. 서원경성西原京城을 쌓았다. 왕이 도읍을 달구벌達句伐로 옮기려 했으나 실현시키지 못했다.

－《삼국사기》권8, 신문왕 9년

689년(신문왕 9)의 달구벌 천도 기사는 '미과未果'라고 기록되어 있다. 달구벌 천도가 최종적으로 실패로 끝났음을 의미한다. 일반적으로 신문왕의 달구벌 천도는 귀족들의 반대와 경제적 문제 등으로 인해 좌절된 것으로 파악되고 있다. 신문왕은 달구벌 천도가 여러 가지 사정으로 인해 어려워지자, 왕경의 범위를 축소 조정하고 도시를 계획적으로 재편하는 방향으로 정책을 선회했다. 그런데 신문왕은 왜 달구벌로 수도를 옮기려고 했을까?

대구는 경주에 비해 몇 가지 장점을 가지고 있다. 첫째, 대구는 경주에 비해 내륙에 위치하여 통일신라의 중심에 좀 더 가까이 접근해 있다. 둘째, 대구는 경주와 같은 분지지만 경주에 비해 훨씬 넓었기 때문에 새로운 수도 건설에 적합했다. 셋째, 대구는 경주처럼 분지의 속성상 큰 나성羅城 건설이 필요 없어 방어가 용이했다. 넷째, 대구는 평지나 구릉지가 넓게 펼쳐져 있어 경제 중심지로서 발전하는 데 유리했다. 다섯째, 대구는 낙동강, 금호강, 신천 등 큰 강과 하천을 끼고 있어 수륙교통의 요충지로서 조운을 통한 물자 수송에 적합했다.

무엇보다 중요한 것은 대구가 수륙교통로와 군사 요충지에 위치해 있다는 점이다. 달구벌은 통일 후 확대된 영토와 편입된 유민의 통합과 통치에 좀 더 유리했다. 신문왕은 경주에서 지리적으로 그리 멀지

《삼국사기》 권8 〈신라본기〉 제8에 수록된 신문왕의 달구벌 천도 기사다. 신문왕은 통일된 신라의 행정조직을 개편하고 수도를 경주에서 달구벌(대구)로 옮기고자 했다. 달구벌은 지리적으로 경주에서 그리 멀지 않고 발전 가능성도 높은 수륙교통의 요지였다. 그러나 신문왕의 수도 천도 시도는 실패로 끝나고 만다. 귀족들의 반대와 경제적 문제 등으로 인해 좌절된 것으로 보인다.

〈그림 31-1〉
**신문왕의 달구벌
천도 기사**

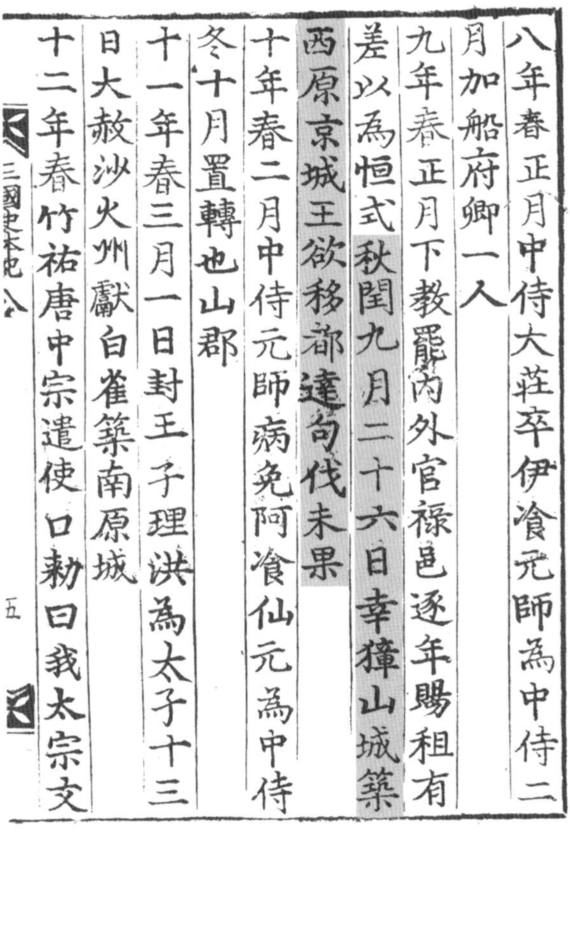

八年春正月中侍大莊卒伊湌元師爲中侍二
月加船府卿一人
九年春正月下教罷內外官祿邑逐年賜租有
差以爲恒式秋閏九月二十六日幸獐山城築
西原京城王欲移都達句伐未果
十年春二月中侍元師病免阿湌仙元爲中侍
冬十月置轉也山郡
十一年春三月一日封王子理洪爲太子十三
日大赦沙火州獻白雀築南原城
十二年春竹祐唐中宗遣使口勅曰我太宗文

三國史本記八

五

않으면서도 발전 가능성이 높은 수륙교통의 요지 달구벌을 천도 예정지로 삼았던 것이다. 경주에서 대구로 수도가 이전되었다면, 신라의 역사는 또 다른 방향으로 흘러갔을지도 모른다.

## 팔공산과 사찰

달구벌로의 천도 계획이 수립되고 추진되었다면, 그를 위한 기초 작업도 진행되었을 것이다. 왕성의 축성을 비롯하여 관아나 도로 건설, 사찰 건립 등과 같은 일련의 일들이 진행되어갔다고 볼 수 있다. 하지만 달구벌 천도가 준비된 시기는 신문왕 재위 때로, 아주 단기간이었다. 고구려의 평양 천도나 백제의 사비 천도에 비해 준비기간이 매우 짧았다. 따라서 천도 작업이 계속 추진되었다고 하더라도 크게 진척되지는 못했을 것으로 파악된다. 그리고 왕궁 건설과 관련된 고고학적 자료가 발견되지 않고 있다. 천도가 어느 정도 진행되었는지 혹은 계획 단계에서 무산되었는지 확인이 어렵다.

신라는 불교를 국가적인 차원에서 공인하여 사상적 통일을 꾀했다. 이로써 왕권을 강화할 수 있었다. 그 과정에서 불교를 토착적인 산악 숭배 신앙과 결합시켜나갔다. 신라는 동서남북과 중앙으로 설정한 5개의 산에 국가적인 제사를 지냈다. 동쪽 토함산, 서쪽 계룡산, 남쪽 지리산, 북쪽 태백산, 중앙 팔공산이다. 5악岳은 원래 신라 중심부인 경주분지를 둘러싸고 성립되었다. 통일 이후 영역이 확대되면서 국토의 사방과 중앙의 산악으로 변화했다.

5악 지역은 통일 이전부터 국방 면에서 중요한 의미를 지닌 곳이었다. 5악 가운데 팔공산은 중사中祀를 모시는 중악中岳이었다. 팔공산은 대구광역시 북방에 위치하여 남쪽의 달구벌에 대한 자연방벽 역할을 하고 있다. 이러한 중악의 성립은 대체로 달구벌 천도를 전후하여 이루어진 것으로 파악되고 있다.

현재 팔공산에서 유명한 사찰은 동화사와 파계사다. 이 두 사찰은 모두 팔공산 깊숙이 자리 잡고 있어 걸어서 진입하기는 쉽지가 않다. 그런데 팔공산 서남쪽 자락에 송림사라는 사찰이 있다. 대구광역시 북쪽의 칠곡군 동명면에 인접해 있다. 대구에서 안동으로 가는 국도 변에서 동쪽으로 불과 2킬로미터 떨어진 구릉에 위치해 있다. 팔공산으로 가는 초입이다. 이 송림사는 왼쪽의 영남대로와 오른쪽의 팔공산을 잇는 가교 역할을 할 수 있는 요충지에 자리하고 있다.

## 송림사, 전략적 거점에 입지하다

송림사는 교통의 요지에 자리 잡고 있었기 때문에 잦은 전란을 겪으면서 대부분의 건물들이 소실되었다. 현재 사찰의 주요 건물인 대웅전과 명부전은 조선 후기에 새롭게 건축된 것이다. 사찰의 역사를 기록한 사적기寺跡記도 없다. 그래서 송림사를 언제 누가 창건했는지 명확히 알려져 있지 않다.

나무로 만든 건축물은 여러 가지 이유로 쉽게 소실되지만 돌로 만든 건축물은 오래 남는 법이다. 송림사 내에는 벽돌로 만든 5층 전탑

대구분지(달구벌)를 가장 잘 볼 수 있는 곳은 대구광역시 남쪽의 앞산 지역이다. 앞산에서 북쪽으로 바라보면, 달성공원이 한눈에 들어온다. 달성공원은 예전에 달성토성이 있던 곳으로 신라 시기 대구현의 행정 중심지였다. 그런데 시선을 북쪽으로 조금 더 옮기면 송림사가 일직선상에 위치하고 있음을 알 수 있다.

*출처: 구글어스 위성지도.

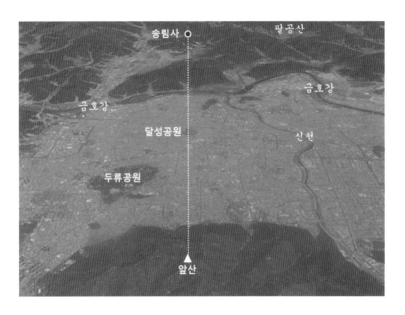

博쑴이 하나 남아 있다. 우리나라 전탑은 총 6개가 남아 있다. 4기는 경상북도 안동에 있고 1기는 경기도 여주에 있다. 여주 신륵사의 전탑은 고려시대의 것이어서 통일신라 시기의 전탑은 총 5개에 불과하다.

이 송림사의 5층 전탑에서 사리함이 발견되었다. 1959년 전탑을 해체하여 수리할 때 거북이 모양의 석재 사리함이 발견된 것이다. 사리함 안에는 여러 가지 유리제품과 옥제품 등이 담겨 있었다. 그 중에서 가장 눈에 띄는 것은 부처님의 사리를 모셔놓은 금동 사리기다. 송림사의 사리기는 전각 혹은 가마 모양을 하고 있다. 하단에는 2중으로 된 난간을 설치하고, 귀퉁이를 4개의 기둥으로 받친 다음 2단으로 된 지붕을 얹고 있다. 그리고 지붕에서 아래로 천이나 발을 늘어뜨리는 형상을 하고 있다. 이러한 사리기 형태를 보장형寶帳形 사리기라고 한다. 보장형 사리기는 제작비용이 많이 들고 손이 많이 가기 때문에 거의 제작되지 못했다. 우리나라에 제대로 된 보장형 사리기는 감은사 동탑의 사리기와 송림사 전탑의 사리기 2개가 전부다.

감은사는 신라의 대표적인 호국사찰로서 신문왕 시기에 완성되었다. 682년에 감은사가 축조되었으므로 탑과 사리기도 그 시기에 제작되었다고 할 수 있다. 송림사의 사리기는 감은사의 사리기와 동일한 보장형이다. 송림사의 사리기도 신문왕 시기에 만들어진 것으로 파악된다. 그렇다면 송림사의 전탑이나 사찰도 신문왕 시기에 만들어졌을 가능성이 높다. 그리고 이 시기를 전후하여 팔공산이 중악으로 지정되어 중시되었다. 달구벌 천도와 팔공산 중시 그리고 송림사 창건이 동일한 시기에 이루어졌다. 이를 우연의 일치로 보기는 어렵다.

대구 남쪽의 앞산, 중심부의 달성공원, 대구 북쪽의 송림사는 남-북 축선으로 이어진다. 앞산-달성공원-송림사가 나란히 위치한다는 것은 상당히 의도적인 배치로 여겨진다. 앞산은 달구벌을 전체적으로 조망할 수 있는 곳이고, 달성達成은 당시 달구벌의 행정 중심지이며, 송림사는 당시 달구벌의 정신적 중심지 역할을 할 수 있기 때문이다.

〈그림 31-3〉

**송림사 5층전탑과
송림사 대웅전**

송림사는 대도시 근교에 있으면서 잘 알려지지 않은 사찰이다. 사찰의 원형이 잘 남아 있지 않고, 주요 건물들이 조선 후기에 건립되었기 때문이다. 하지만 5층전탑을 비롯한 석제 유물들은 송림사가 통일신라 시기에 크게 번성한 사찰이었음을 알려주고 있다. 송림사가 달구벌 천도와 관련이 있다고 보면, 사찰의 의미는 남다를 것이다.

신라의 수도가 달구벌로 천도되었다고 가정해보자. 경주를 중심으로 하는 동남 지역의 경우 비교적 안정되어 있어 방어하는 데 큰 문제가 없다. 그렇다면 외침이나 반란세력이 달구벌을 향해 공격해 올 수 있는 북서쪽이 자연스레 군사 요충지가 될 것이다. 달구벌의 서쪽은 낙동강이 위치하고 있어 자연해자의 역할을 하고 있고, 북쪽은 팔공산이 위치하고 있어 자연방벽을 역할을 할 수 있다.

송림사는 종으로 달구벌로 연결되고, 횡으로는 팔공산으로 이어진다. 교통과 군사의 십자교차점에 입지하고 있는 것이다. 달구벌로 천도가 이루어진다면 북방에서 가장 중요한 거점 역할을 수행할 수 있는 곳이다. 통일 전후 신라의 사찰은 주변 지역을 관할하기 위해 전략적 거점에 입지하는 경향을 보인다. 송림사는 바로 이러한 달구벌 천도와 수도 방어 계획 수립 과정에서 건립되었던 것이다.

# 32

不飛不鳴

• 날지도 않고 울지도 않는다

# 대공의 반란,
# 누가 적인지 확인한 후 제압하다

## 삼년불비불명

중국 춘추전국시대에 초나라가 있었다. 초는 넓은 영토와 많은 인구 그리고 높은 생산력을 바탕으로 오랫동안 강국으로 존재했다. 초의 장왕은 3년간 아무런 정치활동을 하지 않았다. 모든 정무는 조정 대신들에게 위임하여 마음대로 처리하도록 했다. 장왕은 음주가무를 즐기며 방탕한 생활을 지속했다. 초가 비록 강국이긴 했지만 왕이 정치에서 손을 떼고 있다는 것은 위험한 일이었다. 그 사이 권력을 함부로 휘두르는 신하들이 나타났고, 정치는 더욱 혼란해졌다.

보다 못한 신하가 나섰다. 우사마右司馬 관직에 있던 자였다. 그는 장왕에게 질문했다. "신이 새 한 마리를 보았사옵니다. 그 새는 남방의 토산에 앉아 있는데, 3년 동안 날개를 펴지도 날지도 않습니다. 또한 울지도 않고 아무 소리 없이 침묵만 지킵니다. 혹시 그 새의 이름을 아시옵니까?" 장왕은 그 새가 자신을 의미한다는 사실을 알고 있었다. 장왕이 대답했다. "그 새는 3년을 날지 않았지만, 장차 크게 날 것이다. 날지 않고 울지 않는 것은 백성들의 태도를 관찰하기 위함이다. 그 새가 날게 된다면 반드시 하늘 높이 날아갈 것이며, 울게 된다면 반드시 사람들을 놀라게 할 것이다." 장왕은 충신과 간신을 구별할 수 있는 때를 기다린 것이다. 초 장왕은 국내의 반대파를 제거하고 왕권을 강화했다. 이후 대외 정복활동을 활발히 전개하여 춘추시대의 패자覇者가 되었다.

춘추전국시대는 제후국들의 경쟁이 치열했다. 국가의 흥망성쇠가 빈번했다. 제후국들은 살아남기 위해 여러 방법을 강구했고, 이에 따라 다양한 사상가들이 출현했다. 이른바 백가쟁명百家爭鳴의 시대다. 잦은 전란으로 인해 법치法治를 통해 부국강병을 추구한 법가法家들이 선호되었다. 대표적인 인물이 한비자韓非子다. 한비자는 《한비자》라는 저서에 군주권을 강화하고 부국강병할 수 있는 방법을 녹여냈다. 초 장왕의 얘기는 바로 《한비자》〈유로喻老〉에 나오는 내용이다. 사마천이 쓴 《사기》〈골계滑稽열전〉 등에도 비슷한 내용이 나온다.

## 대공의 반란, 누가 적인지 드러나기를 기다려 치다

765년 경덕왕이 사망하자, 혜공왕이 즉위했다. 이때 혜공왕의 나이는

8살에 불과했다. 직접 정치를 할 수 없었으므로, 어머니인 만월부인이 섭정攝政을 했다. 모후가 섭정을 하다 보니 반대하는 세력도 적지 않았다. 여러 차례 반란이 일어났다. 첫 반란이 시작된 것은 혜공왕이 즉위하여 4년이 지날 무렵이었다.

768년 일길찬 대공과 그 동생인 아찬 대염이 대대적으로 반란을 일으켰다. 이들은 무리를 모아 왕궁을 포위했다. 왕의 군대는 33일이 지난 후에야 이들을 진압할 수 있었다. 반란을 진압한 혜공왕과 만월부인은 대공의 9족을 없애버렸다. 만월부인의 섭정으로 인해 진골귀족들의 큰 반발이 있었고, 왕궁을 한 달간이나 포위할 정도로 규모가 컸음을 알 수 있다. 여기까지는《삼국사기》의 내용이다. 그런데《삼국유사》에는 이와 조금 다른 이야기가 전해진다.

> 왕궁 북쪽의 변소 안에서 연꽃 두 줄기가 나고, 또 봉성사의 밭 가운데서 연꽃이 났다. 호랑이가 금성禁城 안으로 들어와 잡으려 했으나 놓치고 말았다. 각간 대공의 집 배나무 위에 참새가 무수히 모여들었다.《안국병법安國兵法》하권에 따르면, 이것은 천하에 큰 병란兵亂이 있을 징조라고 했다. 이에 대사면을 시행하고 몸을 닦고 성찰했다. 7월 3일, 각간 대공이 반란을 일으켜 수도·5도道·주군州郡의 각간 96명이 서로 싸워 크게 어지러웠다. 각간 대공의 가문이 망하자 그 집안의 보물과 비단을 왕궁으로 옮겼다.
> —《삼국유사》권2, 기이 혜공왕

수도 및 전국에서 96명의 각간이 서로 다툴 정도로 큰 내란이었다.

〈그림 32-1〉

**봉성사의 위치**

봉성사奉聖寺는 통일신라 시기에 설치된 성전사원成典寺院의 하나다. 성전 사원은 국가에서 직접 관리하던 8개의 주요 사찰이다. 원래 봉성사는 그 위 치가 명확하지 않았으나, 근자에 '봉성사'라는 글자가 새겨진 항아리 뚜껑 의 파편이 발견되었다. 이를 바탕으로 현재 경주시 월성동주민센터 자리가 봉성사터로 추정되고 있다.

＊출처: 구글어스 위성지도.

각간角干은 신라의 17관등 중 제일 높은 관등이다. 그러므로 각간이 96명일 리는 없다. 다만 그만큼 고위 귀족들이 대거 참여했음을 시사 하고 있다. 《삼국유사》의 내용은 설화적 요소가 강하기 때문에 그대 로 믿기는 어렵다. 하지만 일정한 근거를 바탕으로 상징화했을 가능 성이 높다.

위의 기록에 보이는 연꽃, 호랑이, 참새가 의미하는 것은 무엇일까? 과감하게 추정해보자. 꽃은 아름다운 여자, 호랑이는 사나운 남자로 여겨진다. 왕궁 북쪽의 변소에서 먼저 연꽃이 나타났고, 봉성사 밭 가운데서 연꽃이 다시 나타났다. 봉성사는 반월성 북쪽에 위치했던 사찰이다. 왕궁 북쪽에 여자 2명이 몰래 들어왔고, 발각되자 북쪽 봉성사 방향으로 1명이 달아난 상황을 묘사한 것 같다. 왕궁 안으로 들어온 호랑이는 간첩 내지는 자객이었을 것이다. 그리고 대공의 집에 모여든 참새는 대공을 따르는 무리였음에 틀림없다.

반란이 진압되고 난 후의 상황이 흥미롭다. 대공의 가문이 소유하고 있던 금은보화를 모두 거두어들여 왕궁으로 옮겼던 것이다. 기본적으로 대공이 막대한 재산을 보유하고, 많은 사병私兵을 거느리고 있었음을 유추할 수 있는 대목이다.

한편 대공의 반란이 일어나기를 기다린 것처럼 보이기도 한다. 《삼국유사》의 기록을 따르면, 혜공왕 측은 이미 대공의 반란 조짐을 인식하고 있었다. 그랬기에 대사면을 실시하고 몸가짐을 바르게 했던 것이다. 대사면을 통해 민심을 수습할 수 있었고, 사면된 장정들을 병력 자원으로 활용할 수 있었다.

신라 왕궁이 위치한 반월성은 평지성에 가까웠다. 지형적으로 방어에 유리하지 않았다. 신라 하대가 되면 반란군에 의해 자주 함락당했고, 혜공왕 자신도 다섯 번째 반란에서 살해당했다. 하지만 대공의 반란 때는 이와 달랐다. 왕궁이 33일간 포위되어 있으면서 함락되지 않았다. 왕궁 안에 적절한 대비가 있었음을 나타낸다. 혜공왕 측은 반란

조짐이 보이던 초기에 적들을 진압하지 않았다. 반란이 구체화되어 누가 적인지 명확해지자 준비된 행동을 시작했다. 적들이 드러나자 한꺼번에 제거해버렸던 것이다. 하지만 대대적인 피의 숙청은 또 다른 피를 잉태하고 있었다. 혜공왕 시기에는 다섯 차례 반란이 일어났고, 결국 780년 반란 과정에서 피살되고 말았다.

## 신라의《안국병법》과《무오병법》

병법 하면《손자병법》이다. 중국의 유명한 병법서로서 누구나 알고 있다. 그런데 신라에도 병법서가 있었다. 대공의 난에 등장한《안국병법安國兵法》이다. 이 병법서에 관해서 전해지는 것은 아무 것도 없다. 《삼국유사》에 한 차례 등장하고 더 이상 확인되지 않는다. 《안국병법》 하권에 따라 반란의 징조를 확인했다고 하므로 상권도 있었음에 틀림없다.

《삼국사기》에 따르면, 786년 원성왕 시기에 대사 무오가 병법서兵法書 15권과 화령도花鈴圖 2권을 바쳤다고 전한다. 왕은 무오를 굴압황해금천 현령으로 임명했다. 무오는 일반 백성이 아니라 대사라는 관등을 소지하고 있었다. 그리고 병법서는 15권이나 되었다. 무오가 만든 병법서는 개인이 아니라 국가에서 주관한 편찬사업이었을 가능성이 높다. 무오가 당시 신라의 북방 변경지대인 황해도의 현령으로 파견된 점도 이를 방증한다.

《무오병법武烏兵法》 15권과 함께 나타나는《화령도花鈴圖》 2권도 주목된다. 화花와 영鈴은 모두 신라 장수들의 상징을 나타내는 물건이

산동성의 성도省都인 제남시에는 산동성 박물관이 있다. 갑골문자를 비롯하여 대나무로 된 《손자병법》이 전시되어 있다. 《손자병법》은 춘추전국시대 오나라의 손무孫武가 저술한 것으로 알려져 있다. 손무의 후손인 제나라의 손빈孫臏 또한 병법서을 썼는데, 《손빈병법》이라 한다. 보통 손무와 손빈이 쓴 병법서를 아울러 《손자병법》이라 한다.

다. 화는 장수의 깃대 위를 장식하는 것이고, 영은 방울로서 이 또한 장수들마다 구분이 있었다. 화령도는 장수들의 상징품들을 구분하여 그린 것이다. 《무오병법》은 이전의 《안국병법》을 비롯하여 신라와 중국의 병법서를 종합해서 작성한 것으로 여겨진다. 이러한 병법서가 전해지지 않아 안타까울 뿐이다.

# 33

# 物極則反

● 만물이 극에 달하면 다시 처음으로 돌아간다

# 사병의 강화,
# 신라 무너지다

## 공병의 해체와 사병의 증가, 신라 지배체제를 뒤흔들다

공병公兵은 국가가 동원하는 공적인 부대이며, 사병私兵은 개인이 동원하는 사적인 부대다. 위화도회군으로 조선을 건국한 이성계에게는 원래 사병이 있었다. 이들은 가별초家別抄라 불렸다. 선조 대대로 물려받은 군사집단이었다. 이성계의 고조부 이안사, 조부 이행리, 부친 이자춘을 거쳐 이성계로 승계되었다. 고려 말 이성계가 전투에 나설 때마다 이들은 어김없이 참가했다. 적게는 1,000명에서 많게는 2,000명 정도가 동원되었다. 이성계는 한반도 전역을 종횡무진하며 몽골족, 여진족, 홍건적, 왜구 등과 싸웠고 모두 승리했다. 이성계의 불패신화에는 이들 사병 집단이 큰 역할을 했다.

신라는 삼국을 통일하고 전국을 새롭게 재편했다. 이 과정에서 군사 제도 또한 정비했다. 부대명, 군관명, 병력 수, 군관 수 등을 정형화시키고, 중앙군과 지방군을 구분하여 체계적으로 재편했다. 이러한 신라의 군사 제도는 왕권을 안정시키고 지방을 효율적으로 통제하는 데 큰 역할을 했다. 체제의 안정 속에서 경제와 문화가 발달하고, 국제사회에서 신라의 위상은 높아지게 되었다.

삼국통일 무렵에는 사병이 전혀 없지는 않았으나, 미미한 수준에 불과했다. 신라의 중앙군과 지방군은 대부분 공병이었다. 이들은 신라의 지배체제 유지에 크게 기여했다. 하지만 신라 하대로 접어들면서 공병은 점차 해체되어갔다. 중앙과 지방에서 사병의 활동이 부각되기 시작했다. 이들 사병은 중앙에서는 귀족들의 왕위쟁탈전에 동원되었고, 지방에서는 호족세력의 기반이 되었다. 철에 녹이 슬면 녹이 철을 먹기 시작한다. 철은 결국 으스러지고 만다. 국가의 공병이 해체되고 중앙과 지방에서 사병이 활동하게 된 것은 신라의 지배체제를 뒤흔드는 과정이었다.

## 김헌창의 난, 신라는 어떻게 진압했는가

통일신라는 혜공왕 이후 쇠퇴의 길을 걷게 된다. 혜공왕 시기를 전후하여 귀족들의 반란이 크게 일어났고, 혜공왕은 그 과정에서 피살되고 만다. 780년의 일이다. 신라가 676년에 통일한 후 100여 년이 흐른 시점이다. 혜공왕의 피살 이후 귀족들의 왕위쟁탈전은 심화되었고, 민생은 뒷전으로 밀려났다. 게다가 자연재해도 많이 발생하면서 민심까지 흉흉해지기 시작했다.

822년 김헌창은 아버지 김주원이 왕이 되지 못한 것을 구실 삼아 반란을 일으켰다. 국호를 장안長安, 연호를 경운慶雲이라 하여 신라 왕조 자체를 부정했다. 김헌창은 신라의 9주 5소경 가운데 4주 3소경을 장악하는 파란을 일으켰다. 신라 영토의 절반이 반란군의 손에 떨어진 것이다. 반란의 근거지는 대체로 옛 백제 지역이었다. 충청도와 전라도 그리고 경상도 서부 지역이 반란에 가담했다. 하지만 반란은 채 한 달을 넘기지 못하고 신라군에 의해 진압되고 말았다.

일반적으로 김헌창의 반란을 진압한 것은 신라 귀족들의 사병私兵이라고 알려져 있다. 이 시기 이미 신라의 공병은 제 기능을 할 수 없었다고 보기 때문이다. 당시 신라군의 반란에 대한 대응을 구체적으로 살펴보자. 첫째, 원장員將 8명을 차출하여 수도의 8곳을 방어케 했다. 원장은 소속된 장수라고 할 수 있으므로 사전事前에 편제되어 있던 병력이다. 둘째, 장웅을 먼저 출발시키고 위공·제릉이 그 뒤를 따르게 했다. 이 선발대는 영천에서 북상하여 상주 방향으로 이동했다. 셋째, 균정·웅원·우징으로 하여금 3군軍을 거느리고 대구 지역으로 나아가게 했다. 신라의 본대다. 이들은 대구 지역에서 반란군의 주력부대를 견제하면서 발을 묶어놓았다. 넷째, 충공·윤응으로 하여금 문화관문蚊火關門을 지키게 했다. 이곳은 경주 남쪽의 요충지로 수도 방어를 강화했음을 알 수 있다. 다섯째, 화랑 명기·안락을 종군하도록 했다. 이들은 자신의 무리를 거느리고 낙동강 하류 방면으로 이동했다.

사벌주(상주)와 청주(진주)의 반란군이 성주로 집결했다. 신라군은 본대를
대구로 보내 이들을 견제하고, 선발대는 영천에서 북상시켜 충북 삼년산성
(보은)을 기습케 했다. 화랑 중심의 별동대는 낙동강 하류 방향으로 남하해
금관소경을 견제했다. 신라의 선발대가 후방의 보은산성을 점령하자, 성주
의 반란군은 혼란에 빠졌다. 이에 신라의 본대가 총공격을 가해 승리했다.
* 출처: 구글어스 위성지도.

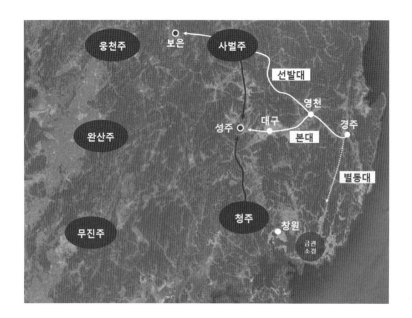

신라는 진압군을 방어부대와 공격부대로 나누어 편성했다. 방어부
대는 경주 주변에 배치하고, 공격부대는 선발대·본대·별동대로 구분
하여 운용했다. 선발대는 먼저 북상하여 상주 방향으로 이동하고, 본
대는 서쪽으로 나아가 대구 지역에 주둔했다. 낙동강을 경계로 동쪽

대구에는 신라군이, 서쪽 성주에는 반란군이 주둔하면서 대치했다. 이 때 선발대가 상주를 지나 반란군의 후방을 기습 공격했다. 소백산 맥 일대의 군사거점인 삼년산성충북 보은을 점령한 것이다. 이로써 성주에 주둔하고 있던 반란군의 보급로가 차단되었다. 이를 계기로 반란군은 급속히 무너졌고, 신라군은 승세를 타고 밀어붙였다. 결국 반란군의 근거지인 웅진성공주이 함락되었다.

신라군의 편성과 진압 과정은 당시까지만 해도 공병, 즉 정규군이 어느 정도 기능하고 있었음을 보여준다. 그런데 김헌창의 난 이후에도 신라 귀족들 간의 왕위쟁탈전은 지속되었다. 군사들이 동원되는 과정에서 개인의 영향력이 크게 작용했다. 공병은 점차 사병화되어갔고, 공병과 사병의 구분이 모호해졌다. 끊임없는 왕위쟁탈전으로 왕권은 더욱 약화되었고, 지방의 호족들은 점차 성장하기 시작했다. 신라의 공병인 정규군은 제 기능을 수행할 수 없었다. 왕권을 지탱하는 한 축인 정규군이 도태되면서 결국 신라는 후삼국 분열의 시대를 맞이하게 된다.

## 사병의 강화, 후삼국 시대를 열다

혜공왕 이후 왕위쟁탈전은 끊임없이 이어졌다. 선덕왕, 원성왕, 헌덕왕 등의 즉위 과정에서 공병이 동원되어 적지 않은 병력이 소모되었다. 여기에 김헌창의 난을 겪으면서 또다시 상당한 병력이 줄어들었다. 이후 836년 희강왕이 즉위하고, 이에 대한 역쿠데타로 839년 신무왕이 즉위했다. 이 과정에서 중앙의 공병은 거의 해체된 것으로 파악된다. 신라의 공병은 여러 차례 진압군 혹은 반란군으로 동원되면서 해체의 수순을 밟아나갔던 것이다.

동서고금을 막론하고 지도층의 분열은 나라를 약화시키기 마련이다. 거듭된 왕위쟁탈전은 중앙의 공병과 사병 모두 약화시켰다. 신무왕 즉위는 이를 상징적으로 보여주는 사건이다. 왕위계승 다툼에서 밀려난 우징은 청해진의 장보고와 손을 잡았다. 청해진의 군사들이 경주로 진군하여 민애왕을 제거하자 839년 우징이 신무왕으로 즉위했다. 이 과정에서 특히 주목할 것은 중앙의 공병이 지방의 사병집단에게 패배했다는 점이다. 더 이상 중앙의 공병이 지방의 사병을 압도할 수 없었던 것이다. 신라 중앙정부의 권위는 땅에 떨어졌고, 지배체제의 허점이 적나라하게 노출되었다.

점차 신라 중앙정부의 지방에 대한 통제력은 약화되었다. 887년 진성여왕 즉위 이후에는 지방통제력을 거의 상실하게 되었다. 여기에 극심한 자연재해가 겹치면서 지방의 민심이 이반하기 시작했다. 생활고로 인해 유랑민들이 늘어났고 전국 곳곳에서 도적이 들끓었다. 이러한 가운데 도적이나 양민을 자신의 사병으로 조직한 자들이 나타나기 시작했다. 양길과 궁예는 주로 도적집단을 사병화하여 신라 북쪽에서 활동했고, 견훤은 자신의 일부 부하와 지역주민을 사병화하여 신라 서쪽에서 할거했다. 견훤의 후백제, 궁예의 후고구려가 세워짐에 따라 후삼국시대가 열렸다. 후고구려에서는 왕건이 궁예를 몰아내고 고려를 세웠다. 지방호족 세력의 사병이 강화되면서 신라의 지배경애왕은 포석정에서 놀다가 후백제군에게 죽었다고 전한다. 하지만 고려의 구원을 기다리는 위급한 상황에서 이해하기 어려운 행동이다. 반월성을 나와 월정교를 건너고, 포석정의 뒷길로 가면 남산신성으로 가는 가장 완만한 루트가 된다. 국왕이 산을 오르기 가장 편한 길이다. 경애왕은 남산으로 대피하던 중이었을지도 모른다.

\* 출처: 구글어스 위성지도.

〈그림 33-2〉

**포석정 전경 및
포석정과 남산신성**

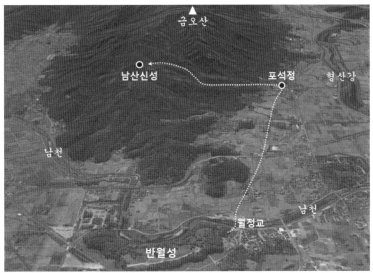

체제는 붕괴되었다. 요컨대 신라 말기의 사병은 사회변동의 중심세력으로서 후삼국을 정립시켰고, 신라의 멸망을 재촉했다.

세력을 키운 후백제의 견훤은 신라의 수도 경주를 약탈했다. 군사를 풀어 금은보화를 끌어 모았고, 재능 있는 자들은 포로로 삼았다. 견훤은 붙잡힌 신라 왕을 자살하게 만들었고, 왕비는 자신이 직접 욕보였다. 나머지 후궁들은 군사들에게 욕보이게 했다. 나아가 견훤은 새롭게 경순왕을 옹립했다. 이후 신라는 후백제와 고려의 대립을 눈만 뜨고 지켜볼 뿐이었다. 결국 고려가 후백제를 굴복시키자, 935년 경순왕은 고려에 귀순했다. 이로써 신라 천년왕국은 막을 내렸다.

# 식민사관과 만선사관

## 일제의 식민사관

사관史觀은 역사를 바라보는 태도다. 정치적 목적이나 경제적 논리에 따라 한쪽으로 치우쳐서는 곤란하다. 일제 강점기에는 식민지를 통제하기 위해 사관을 적극적으로 활용했다. 타율성론, 정체성론, 당파성론 등이 등장했다. '식민지 조선은 스스로 주체가 되지 못하고 외세의 간섭을 받아왔고, 사회 변동 속에서 스스로 발전하지 못하고 정체되었으며, 서로 화합하지 못하고 파벌을 만들어 자신의 이익만을 탐했다. 따라서 일본의 식민지가 되는 것은 당연하다.' 이런 논리다. 이를 식민사관植民史觀이라 한다.

식민사관 속에는 만주와 조선의 역사를 바라보는 만선사관滿鮮史觀이 있다. 조선의 역사는 만주에 종속되어 있으므로, 만주와 조선은 하나의 역사 단위로 봐야 한다는 것이다. 만선사관에 따르면, 고조선·고구려·발해의 역사는 만주사에 속하고, 백제·신라의 역사는 조선사에 속한다. 얼핏 보면 한반도의 역사에 만주의 역사까지 포함시키는, 그럴듯한 사관으로 보인다. 하지만 만선사관의 목적은 만주와 한반도의 역사를 한국의 역사로 인식하기 위함이 아니다. 만주를 중국의 역사에서 분리하여 만주 침략을 합리화하기 위한 일제의 노림수다. 조선의 역사도 만주사에 종속되므로 조선사는 그 의미를 상실하게 된다.

흔히 한·중·일을 한반도, 중국대륙, 일본열도라 한다. 대륙에는 중국이 있고 해양에는 일본이 있으며 그 사이에 한반도가 위치한다. 중국대륙은 대륙으로서 완성된 곳이고, 일본열도는 해양으로서 완성된 곳이다. 하지만 반도는 대륙도 아니고 해양도 아니다. 완성되지 않은 곳이다. 그 곳에 거주하는 사람들도 완성되지 않았기 때문에 성숙하지 못한 국민성을 가지고 있다. 대륙의 중국과 해양의 일본이라는 두 강대국 사이에 끼어 있기 때문에 강하고 튼튼한 독립국을 만들 수 없다. 한국은 스스로 존재하기 힘들었고, 남의 힘을 빌려 살아야 했다. 항상 강대국의 눈치를 보고 큰 나라를 섬기며 국가를 유지해왔다. 한국사는 중국세력의 남진南進과 일본세력의 북진北進 속에서 부수적으로 존재한 역사다. 이러한 논리가 바로 식민사관의 본질이다.

## 일제의 만선사학자

하야시 다이스케林泰輔(1854~1922)는 메이지시대에 조선사한국사 연구를 개척한 인물이다. 《조선사》(1892), 《조선근세사》(1901), 《조선통사》

(1912) 등의 서서를 통해 일본의 한국에 대한 인식의 뼈대를 만들었다.

하야시 다이스케가 조선사 연구의 토대를 마련한 인물이라면, 시라도리 구라키치는 이를 확대·재생산한 인물이다. 시라도리 구라키치白鳥庫吉(1865~1942)는 1886년 도쿄제국대학東京帝國大學을 졸업하고, 가쿠슈인대학學習院大學과 도쿄제국대학에서 학생들을 지도했다. 일본과 조선을 중심으로 아시아 전반적인 역사와 문화 등에 관한 연구를 진행했다. 시라도리 구라키치의 연구를 적극적으로 이어받은 인물은 쓰다 소키치와 이케우치 히로시다.

쓰다 소키치津田左右吉(1873~1961)는 1891년 도쿄전문학교東京專門學校현 와세다대학早稻田大学를 졸업하고, 시라도리 구라키치의 지도를 받았다. 1908년 남만주철도주식회사(이하 만철)에서 만주와 조선의 역사·지리를 연구했다. 만철은 순수하게 철로를 놓는 회사가 아니라, 일본이 대륙을 침략하기 위해 설립한 싱크탱크Think Tank였다. 만철에서 이루어지는 연구는 시라도리 구라키치가 주도했다. 결국 1914년 만철의 만주 및 조선 역사·지리 연구 부서는 도쿄제국대학으로 이관되었다. 이후 쓰다 소키치는 와세다대학에서 교편을 잡았다.

이케우치 히로시池內宏(1878~1952)는 도쿄제일고등학교東京第一高等學校를 거쳐 1904년 도쿄제국대학을 졸업했다. 이후 도쿄제국대학에서 학생들을 가르치며 조선사 연구에 주력했다. 물론 만철의 만주·조선의 역사·지리 연구에도 적극적으로 참여했다. 이케우치 히로시의 연구는 《만선사연구》(전5권, 1951~1979)라는 이름으로 발간되었다. 이외에 만선사를 강조한 인물로 이나바 이와키치稻葉岩吉(1876~1940)가 있다. 이나바 이와키치는 고등학교 졸업 후 중국에서 유학했으며, 1909년부터 만철에서 만주와 조선의 역사를 연구했다.

흥미로운 사실은 이들이 현재 일본의 한국사 연구 기반과 일치한다는 점이다. 만선사 연구에 적극적이었던 도쿄대학, 가쿠슈인대학, 와세다대학 등을 중심으로 한국사 연구가 가장 활발하다. 물론 일제 강점기 식민사관과는 거리가 멀다. 일본 내에서도 만선사에 대한 비판의 목소리가 높다. 현재 일본에서는 '신라사학회新羅史學會'가 형성되어 한국학계와 꾸준히 교류하고 있다.

## 식민사관 속의 나당전쟁

신라를 바라보는 일본과 중국학계의 시선은 비슷하다. 특히 신라와 당나라가 직접 무력충돌을 벌인 나당전쟁에 대한 인식은 일치한다. 근대 이후 나당전쟁은 대표적인 만선사학자인 쓰다 소키치와 이케우치 히로시에 의해 본격적으로 검토되었다.

쓰다 소키치는 "옛 백제와 고구려 지역은 당 본토에서 거리가 멀어 교통이 불편했다. 그곳의 유민들은 당에 복종하지 않았으며, 이러한 허점을 이용해 신라가 병탄倂呑했다"고 보았다. '병탄'은 남의 재물이나 영토를 함부로 자신의 것으로 만들었다는 뜻이다. 신라의 백제·고구려 지역 장악을 바람직하지 않은 일로 서술한 것이다. 그는 나아가 《삼국사기》에 매소성전투에서 신라가 승리한 것으로 기록되어 있는데 믿을 수 없다"고 했다. 신라가 당을 이긴다는 것은 있을 수 없다는 날이다.

이케우치 히로시는 "당이 차지하고 있던 옛 백제 지역을 신라가 침략侵略했기 때문에 당이 신라를 정벌征伐하게 되었다"고 했다. '정벌'은 죄가 있는 무리를 군사를 동원해 공격한다는 뜻이다. 신라가 욕심을 부려 당으로부터 징벌을 받았다는 것이다. 670년 설오유 부대가 요동을 공격한 것을 두고 "2만 명의 병력이 멀리 압록강을 건너 요동 방면으로 공격하는 것은 상정하기 어렵다"고 하면서, 압록강을 대동강으로 바꾸었다. 역사서에 압록강이라고 기록된 것을 임의로 바꿔 신라의 역할을 축소해버린 것이다. 그리고 그는 "안동도호부가 요동으로 이동하면서 한반도는 방기放棄되었다"고 했다. 나당전쟁의 결과로 당이 물러난 것이 아니라 당이 스스로 물러나면서 한반도가 방치되었다는 주장이다.

이러한 식민사관의 논리는 중국에서도 그대로 재현되었다. 중국의 대표적인 학자 천인커陳寅恪는 《당대정치사술논고唐代政治史述論稿》(1922)에서 다음과 언급했다. "토번의 발호로 인해 당의 서북 지역이 위급해지자 동북 지역을 경영할 여력이 없었다. 이로 인해 당은 동북 지역에 대해 소극적인 정책을 취할 수밖에 없었고, 결국 한반도를 방기하게 되었다." 기본적으로 이케우치 히로시의 한반도 방기론에 동조하면서 토번을 언급했다. 이와 같은 시각은 일본과 중국학계의 일반적인 견해로 자리매김했고, 서구학계도 이와 비슷한 맥락에서 이해하고 있다.

왕퉁링王桐齡은 《동양사東洋史》(1922)에서 한나라와 당나라의 정벌을 강조했다. 한 무제는 고조선을 멸망시키고 그 자리에 한사군을 설치했고, 당 고종은 고구려를 멸망시키고 안동도호부를 설치했다. 중국 세력이 남진하여 한반도 북부에 영향력을 행사한 것으로 보았다. 이와 더불어 일본세력이 북진하여 한반도 남부에 임나일본부를 설치한 것으로 인식했다. 한마디로 한반도의 북부는 중국, 남부는 일본의 영향 하에 있었다는 얘기다. 중국과 일본이 함께 한반도로 진출하는 구도로 파악한 것이다. 왕퉁링에 의해 근대 중국의 한국사 인식체계가 수립되었다. 일제의 식민사관과 똑같은 맥락이다.

  황옌페이黃炎培는 《조선朝鮮》(1922)에서 식민사관을 아무런 비판이나 검증 없이 그대로 수용했다. 중국 중심의 중화사관과 식민사관은 서로 충돌하지 않았고, 오히려 서로 상승작용하면서 결합되었다. 논리에 따라 중국세력의 남하와 일본세력의 북진은 서로 차용할 수 있는 위치였던 것이다. 왕퉁링은 식민사관을 이용하여 한국사를 인식하는 구도를 정착시켰고, 황옌페이는 이를 보급시키는 데 큰 역할을 했다. 제국주의를 지향하던 일본이 식민사관을 적극적으로 활용한 것은 충분히 이해가 된다. 그런데 중국에는 왜 이러한 인식이 자리 잡게 되었을까?

## 중국학자와 일본

천인커陳寅恪(1890~1969)는 1890년 중국 후난성湖南省 창사長沙에서 태어났다. 13살이 되던 1902년에 형 천헝커陳衡恪를 따라 일본으로 갔다. 도쿄의 고분학원弘文學院에서 1905년까지 일본어와 기초 지식을 배웠다. 고분학원에서는 일본어뿐만 아니라 일본의 역사와 문화 등을 가르쳤다. 1905년 귀국하여 상하이의 푸단공학復旦公學현 푸단대학에 진학했다. 이후 유럽과 미국에 유학하면서 대학자로 성장했다. 귀국한 천인커는 칭화학교清華學校현 칭화대학에 자리를 잡았다.

왕퉁링王桐齡(1878~1953)은 1878년 중국 허베이성河北省 런추任丘에서 태어났다. 왕퉁링은 일찍부터 일본으로 유학하여 고등학교와 대학교 시절을 모두 일본에서 보냈다. 1907년에 도쿄제일고등학교를 졸업하고, 1912년에는 도쿄제국대학을 졸업했다. 귀국한 왕퉁링은 베이징고등사범학교北京高等師範學校현 베이징사범대학에서 교편을 잡았다.

황옌페이黃炎培(1878~1965)는 1878년 장쑤성江蘇省 촨사川沙현 상하이上海에서 태어났다. 황옌페이는 천인커나 왕퉁링처럼 진학을 위해 일본으로 가지는 않았다. 황옌페이는 20대에 청나라 말기 반청反淸운동에 적극적이었고, 쑨원孫文이 주도하는 중국동맹회에 참가했다. 중국동맹회는 1905년 쑨원이 일본 도쿄에서 조직한 비밀결사 모임이었다. 이후 황옌페이는 교육계에서 적극적으로 활동하는 한편, 대표적인 교육학자로서 많은 저서를 남겼다.

천인커, 왕퉁링, 황옌페이는 고향도 학맥도 제각각이다. 하지만 이들은 모두 직간접적으로 일본의 영향을 받았다. 천인커의 성장 과정에서 주목할 부분은 청소년기를 일본에서 보낸 점이다. 이 과정에서 일본의 한반도를 바라보는 관점을 자연스럽게 체득했을 것이다. 왕퉁링은 일본에서 고등학교와 대학교를 나왔으므로, 일본식 역사관을 가지게 된 것은 당연하다. 왕퉁링의 스승은 《조선사》를 쓴 하야시 다이스케였다. 황옌페이는 일본과 직접적인 연관은 없다. 하지만 일본에서 발행된 조선에 관한 역사서를 참조하고, 천인커나 왕퉁링을 비롯한 일본 유학파들의 영향을 상당히 받았으리라 짐작된다.

## 나당전쟁의 이해

나당전쟁 이해에서 토번의 성장을 고려하지 않고 신라의 승리만을 강조하는 것은 문제가 있다. 하지만 전쟁 자체에 대한 관심을 외면하고, 외부적 요인만을 찾는 것은 더 큰 문제다. 식민사관에서는 한반도가 중국대륙을 이길 수 없다. 열등한 신라가 최강대국 당을 이길 수는 없다. 아니, 이겨서는 안 된다.

일본과 중국학계는 나당전쟁 자체에 큰 관심이 없었다. 어떻게 당이 신라 원정을 그만두게 되었는가에 초점이 맞추어졌다. 결국 그 이유로 토번의 성장을 주목하게 되었던 것이다. 당의 서쪽에서 토번이 성장했기 때문에 당은 병력을 한반도에서 철수시켰을 뿐이다. 나당전쟁은 신라가 승리한 것이 아니라, 당이 한반도를 방기放棄했기 때문에 끝날 수 있었다. 이것이 중일학계의 논리다. 여기에서 신라의 역할은 아무 것도 없다. 신라는 당의 심기를 건드려 정벌을 당했고, 토번 때문에 운 좋게 살아남았을 뿐이라는 시각이다.

하지만 신라는 압록강을 건너 당을 선제공격했고, 8년간 당의 공세를 막아내면서 국가를 유지했다. 당은 20만 명을 동원하여 신라를 공격했지만, 결국 원하는 성과를 거두지 못했다. 강력한 고구려는 멸망시켰지만, 약해빠진 신라는 굴복시키지 못한 것이다. 나당전쟁 직후 당은 대대적인 사면 조치를 취하고, 나당전쟁과 연관된 동부 지역에 전례 없는 대규모 위문활동을 했다. 정치계에서는 군부세력이 실권을 잃고, 반군부세력인 이경현이 재상으로 임명되었다.

나당전쟁에 투입된 당의 가장 고위인사는 유인궤였다. 유인궤는 재상이면서 감수국사監修國史였다. 역사서를 감수하는 역할이었다. 중국 역사서에 백제와 고구려를 멸망시킨 일은 자세하게 실려 있지만, 나당전쟁에서 패했다는 기록은 없다. 시간이 지나면서 나당전쟁에 관한 중국의 기억은 희미해져갔다.

중국 역사서 《자치통감》은 기록이 자세하기로 유명하다. 봄, 여름, 가을, 겨울 매 계절마다 꼭 한 번은 기록을 남겼다. 이것이 편수 원칙이다. 하지만 675년 9월부터는 아무런 기록이 없다. 《구당서》와 《신당서》도 동북지방에서 혜성이 등장했다는 얘기밖에 없다. 이 시기는 바로 나당전쟁의 분수령이 된 매소성전투가 발생한 때다. 물론 신라가 승리한 전투다. 미국학자 존 재미슨John Jamieson은 다음과 같이 언급했다. "《삼국사기》가 기본적으로 중국 역사서를 많이 인용하지만 나당전쟁 기간만은 중국 기록보다 더 자세하다."

중국과 일본 입장에서는 이러한 사실들을 굳이 강조하거나 언급할 필요가 없었다. 이와 관련하여 어떠한 연구도 진행된 적이 없다. 예나 지금이나 신라가 당을 이긴다는 것은 상상할 수도 없는 일이었으니까.

현재 중일학계의 나당전쟁에 대한 인식은 한국학계의 연구 성과를 일부 반영하면서 조금씩 변화하고 있다. 하지만 근본적인 틀은 크게 바뀌지 않고 있다. 한국학계의 경우도 중일학계의 영향을 받으면서 다양한 논의가 시도되고 있다. 앞으로 한중일학계가 서로 교류하고 소통해나간다면 나당전쟁에 대한 보다 객관적인 인식이 만들어지리라 믿는다.

이에 앞서 일반인들의 나당전쟁에 대한 관심이 가장 필요한 때다. 나당전쟁에 대한 인식은 중국의 동북공정과 일본의 역사 왜곡과도 맞닿아 있기 때문이다.

# 참고문헌

강경구, 《신라의 북방 영토와 김유신》, 학연문화사, 2007.

강봉룡, 〈삼국 및 통일신라 군사참여층의 확대와 군역제〉, 《백제연구》 32, 2000.

강종훈, 《신라상고사연구》, 서울대학교출판부, 2000.

강종훈, 〈7세기 통일전쟁기의 순국 인물 분석〉, 《신라문화제학술발표논문집》 25, 2004.

강종훈, 〈신라 왕경의 방어체계〉, 《신라문화제학술발표논문집》 27, 2006.

권덕영, 《고대한중외교사》, 일조각, 1997.

권덕영, 《신라의 바다 황해》, 일조각, 2012.

김기흥, 〈신라 촌락문서에 대한 신고찰〉, 《한국사연구》 64, 1989.

김덕원, 《신라중고정치사연구》, 경인문화사, 2007.

김병곤, 《신라 왕권 성장사 연구》, 학연문화사, 2003.

김병남, 〈백제 성왕대 관산성 전투의 의미〉, 《전북사학》 36, 2010.

김복순, 〈문무왕의 불교정책〉, 《신라문화》 16, 1999.

김상현, 〈신라시대의 화랑 인식〉, 《한국고대사연구》 71, 2013.

김수미, 〈박도유 모반사건으로 본 웅진도독부와 신라의 갈등〉, 《백제문화》 44, 2011.

김수태, 《신라중대 정치사연구》, 일조각, 1996.

김수태, 〈신라 문무왕대의 대복속민 정책〉, 《신라문화》 16, 1999.

김수태, 〈신라 촌락장적 연구의 쟁점〉,《한국고대사연구》21, 2001.

김수태, 〈신라 혜공왕대 만월부인의 섭정〉,《신라사학보》22, 2011.

김영관,《백제부흥운동연구》, 서경문화사, 2005.

김영수, 〈고대 첩자연구 시론〉,《백산학보》77, 2007.

김영수, 〈김유신의 첩자활용과 첩보술에 관한 일연구〉,《군사》62, 2007.

김영하, 〈신라의 백제통합전쟁과 체제 변화〉,《한국고대사연구》16, 1999.

김영하,《한국고대사회의 군사와 정치》, 고려대학교민족문화연구원, 2002.

김영하,《신라중대사회연구》, 일지사, 2007.

김종두, 〈가치중심 리더십과 정신전력〉,《군사논단》40, 2004.

김종복, 〈고구려 멸망 이후 당의 지배정책〉,《사림》19, 2003.

김종수, 〈신라 중대 군제의 구조〉,《한국사연구》126, 2004.

김주성, 〈7세기 삼국 고대 전투모습의 재현〉,《군사》81, 2011.

김창겸,《신라 하대 왕위계승 연구》, 경인문화사, 2003.

김창석, 〈7세기 신라에 의한 경제통합과 토지제도 개편〉,《역사와 현실》23, 1997.

김창석, 〈신라 촌락문서의 용도와 촌락의 성격에 관한 일고찰〉,《한국고대사연구》21,
    2001.

김창석, 〈당의 동북아 전략과 삼국의 대응〉,《군사》47, 2002.

김창석,《삼국과 통일신라의 유통체계 연구》, 일조각, 2004.

김창석,《한국고대 대외교역의 형성과 전개》, 서울대학교출판문화원, 2013.

김호동, 〈울릉도의 역사로서 '우산국' 재조명〉,《독도연구》7, 2009.

나희라,《고대 한국인의 생사관》, 지식산업사, 2008.

노중국, 〈고구려·백제·신라 사이의 力관계변화에 대한 일고찰〉,《동방학지》28,
    1981.

노중국,《백제정치사연구》, 일조각, 1988.

노중국, 〈신라 통일기 구서당의 성립과 그 성격〉,《한국사론》41·42, 1999.

노중국,《백제 부흥운동사》, 일조각, 2003.

노태돈, 〈대당전쟁기 신라의 대외 관계와 군사활동〉, 《군사》 34, 1997.

노태돈, 《고구려사 연구》, 사계절출판사, 1999.

노태돈, 《삼국통일전쟁사》, 서울대학교출판부, 2009.

문안식, 《백제의 흥망과 전쟁》, 혜안, 2006.

박남수, 〈신라 중고기 화랑의 출신 가계와 화랑도 운영의 변화〉, 《한국고대사연구》 51, 2008.

박남수, 《신라 화백제도와 화랑도》, 주류성, 2013.

박명숙, 〈고대 동이계열 민족 형성과정 중 새 토템 및 난생설화의 관계성 비교 연구〉, 《국학연구》 14, 2010.

박성현, 〈신라의 거점성 축조와 지방 제도의 정비 과정〉, 서울대학교 박사학위논문, 2010.

박재욱, 〈고전기 스파르타의 교육과 '군사사회'〉, 《서양사연구》 46, 2012.

박재욱, 〈통과의례의 관점에서 고전기 스파르타 교육의 특징〉, 《서양고대사연구》 35, 2013.

박준형, 〈식민주의사학의 실상과 허상〉, 《인문과학》 54, 2014.

박휘락, 《전쟁 · 전략 · 군사 입문》, 법문사, 2005.

백종오, 《고구려 남진정책 연구》, 아세아문화사, 2006.

서영교, 〈신라 통일기 기병증설의 기반〉, 《역사와 현실》 45, 2002.

서영교, 〈신라 혜공왕대의 성변과 정변〉, 《민족문화논총》 31, 2005.

서영교, 《나당전쟁사 연구》, 아세아문화사, 2006.

서영교, 《고대 동아시아 세계대전》, 글항아리, 2015.

서영일, 《신라 육상교통로 연구》, 학연문화사, 1999.

서영일, 〈산성 분포로 본 신라의 한강유역 방어체계〉, 《고고학》 9-1, 2010.

서영일, 〈신라의 국가형성과 발전단계에 따른 방어체계 연구〉, 《신라문화》 34, 2009.

서인한, 《나당전쟁사》, 국방군사편찬연구소, 1999.

서인한, 《한국고대 군사전략》, 국방군사편찬연구소, 2005.

선석열, 《신라국가 성립과정 연구》, 혜안, 2001.

설동일, 《해양기상학》, 다솜출판사, 2006.

송영대, 〈6~7세기 신라의 전략·전술 입안과 활용〉, 《한국사연구》 169, 2015.

신라사학회, 《흥무대왕 김유신 연구》, 경인문화사, 2011.

신범규, 〈신라 군율의 운용 양상과 특징〉, 고려대학교 석사학위논문, 2014.

신형식, 《한국고대사의 신연구》, 일조각, 1984.

신형식, 《신라사》, 이화여대출판부, 1985.

여호규, 《고구려 초기 정치사 연구》, 신서원, 2014.

연민수, 《고대한일교류사》, 혜안, 2003.

연민수, 〈신라의 대왜외교와 김춘추〉, 《신라문화》 37, 2011.

염경이, 〈당 고종대 대외 정책의 성격과 의미〉, 《중국사연구》 75, 2011.

윤무학, 〈중국 병서의 유입과 지식인들의 이해 양상〉, 《한국철학논집》 31, 2011.

윤명철, 《한민족의 해양활동과 동아지중해》, 학연문화사, 2002.

윤선태, 《목간이 들려주는 백제 이야기》, 주류성, 2007.

윤 진, 〈헬레니즘 시대 스파르타 군의 체제와 장비의 변모〉, 《호서사학》 46, 2007.

윤진석, 〈5~6세기 신라의 정치운영과 갈문왕〉, 계명대학교 박사학위논문, 2013.

이기동, 《신라골품제사회와 화랑도》, 일조각, 1984.

이기백, 《한국사신론》, 일조각, 1990.

이기백, 《한국고대정치사회사연구》, 일조각, 1996.

이기백·이기동, 《한국사강좌》 1, 일조각, 1982.

이도학, 〈웅진도독부의 지배 조직과 대일정책〉, 《백산학보》 34, 1987.

이도학, 《백제 고대국가 연구》, 일지사, 1995.

이문기, 《신라병제사연구》, 일조각, 1997.

이문기, 〈신라 혜공왕대 오묘제 개혁의 정치적 의미〉, 《백산학보》 52, 1999.

이문기, 〈신라 문무왕대의 군사정책에 대하여〉, 《역사교육논집》 32, 2004.

이문기, 〈신라 경덕왕대에 재편된 왕도 방어 군사조직과 성곽의 활용〉, 《신라문화》

34, 2009.

이문기, 〈삼국사기·삼국유사에서 본 신라 화랑도의 여행〉, 《동방한문학》 59, 2014.

이문기, 《신라 하대 정치와 사회 연구》, 학연문화사, 2015.

이병도, 《역주 삼국사기》, 을유문화사, 1996.

이상훈, 〈당 무측천시기 이경업 난의 전개과정과 군사활동〉, 《군사》 58, 2006.

이상훈, 《나당전쟁 연구》, 주류성, 2012.

이상훈, 〈662년 김유신의 군량 수송작전〉, 《국방연구》 55-3, 2012.

이상훈, 《전략전술의 한국사》, 푸른역사, 2014.

이상훈, 〈검모잠의 최초 거병지 검토〉, 《한국 고대사 연구의 자료와 해석》, 사계절, 2014.

이상훈, 〈칠곡 송림사의 입지조건과 창건배경〉, 《한국고대사탐구》 18, 2014.

이상훈, 〈김헌창의 난과 신라군의 대응〉, 《군사연구》 138, 2014.

이상훈, 〈백제부흥군의 옹산성 주둔과 신라군의 대응〉, 《역사교육논집》 57, 2015.

이상훈, 〈화랑정신과 김유신〉, 《압량 군사학술세미나 발표집》, 2015.

이상훈, 〈신라의 대당전쟁과 삼국통일〉, 《서울2천년사》, 서울시사편찬위원회, 2015

이성구, 〈스파르타 군국주의와 아테네 민주정치의 교훈〉, 《인문과학》 15, 2007.

이영호, 〈신라 혜공왕 12년 관호복고의 의미〉, 《대구사학》 39, 1990.

이영호, 〈신라 성전사원의 성립〉, 《신라문화》 14, 1993.

이영호, 〈신라의 왕권과 귀족사회〉, 《신라문화》 22, 2003.

이영호, 《신라 중대의 정치와 권력구조》, 지식산업사, 2014.

이인철, 《신라정치제도사연구》, 일지사, 1993.

이재옥, 〈신라의 노 운용과 그 의미〉, 《역사교육논집》 48, 2012.

이정빈, 〈고연무의 고구려 부흥군과 부흥운동의 전개〉, 《역사와 현실》 72, 2009.

이정빈, 〈6~7세기 고구려의 쇠뇌 운용과 군사적 변화〉, 《군사》 77, 2010.

이정빈, 〈식민주의 사학의 한국고대사 연구에 대한 최근의 비판적 검토〉, 《역사와 현실》 83, 2012.

이정숙, 《신라 중고기 정치사회 연구》, 혜안, 2012.

이종욱, 《신라국가형성사연구》, 일조각, 1981.

이종학, 〈신라 삼국통일의 군사학적 고찰〉, 《군사》 8, 1982.

이현숙, 〈신라의학사연구〉, 이화여자대학교 박사학위논문, 2002.

이현숙, 〈몸, 질병, 권력: 통일전쟁기 신라의 군진의학〉, 《역사와 문화》 6, 2003.

이현숙, 〈촌락문서의 인구 분석으로 본 신라 통일기 전염병과 인구〉, 《신라사학보》 15, 2009.

이형민, 〈신문왕대 보덕성민의 반란과 신라의 대응〉, 경북대학교 석사학위논문, 2012.

이호영, 《신라삼국통일과 여·제멸망원인연구》, 서경문화사, 1997.

이희준, 《신라고고학연구》, 사회평론, 2007.

임기환, 《고구려 정치사 연구》, 한나래, 2004.

임영애, 〈월정교·춘양교의 '사자 석주', 이미지와 의미〉, 《신라문화》 43, 2014.

장창은, 〈6세기 중반 한강 유역 쟁탈전과 관산성 전투〉, 《진단학보》 111, 2011.

장창은, 《고구려 남방 진출사》, 경인문화사, 2014.

장학근, 〈신라의 정복지 지배방어전략〉, 《군사》 41, 2001.

장학근, 《삼국통일의 군사전략》, 국방부군사편찬연구소, 2002.

전덕재, 《신라육부체제연구》, 일조각, 1996.

전덕재, 《한국고대사회의 왕경인과 지방민》, 태학사, 2002.

전덕재, 《한국고대사회경제사》, 태학사, 2006.

전덕재, 〈중고기 신라의 지방행정체계와 郡의 성격〉, 《한국고대사연구》 48, 2007.

전덕재, 〈관산성전투에 대한 새로운 고찰〉, 《신라문화》 34, 2009.

정구복 외, 《역주 삼국사기》, 한국정신문화연구원, 1996.

정동준, 《동아시아 속의 백제 정치제도》, 일지사, 2013.

정진술, 《한국의 고대 해상교통로》, 한국해양전략연구소, 2009.

정효운, 《고대 한일 정치교섭사 연구》, 학연문화사, 1995.

조강봉, 〈울릉도·독도의 지명 연구〉, 《지명학》 14, 2008.

조범환, 《신라선종연구》, 일조각, 2001.

조범환, 〈신라 중고기 낭도와 화랑〉, 《한국고대사연구》 52, 2008.

조범환, 〈신라 중대말 혜공왕의 혼인을 통하여 본 정국의 변화〉, 《신라문화》 43, 2014.

조법종, 〈신라 문무왕대 사회정책의 성격검토〉, 《신라문화》 16, 1999.

조이옥, 〈신라 수군제의 확립과 삼국통일〉, 《STRATEGY21》 2-2, 1999.

조이옥, 《통일신라의 북방 진출 연구》, 서경문화사, 2001.

조인성, 〈고구려의 멸망과 부흥운동의 전개〉, 《고구려의 정치와 사상》, 동북아역사재
　　단, 2007.

조효식, 〈신라의 국가형성과 발전단계에 따른 방어체계 연구〉, 《신라문화》 34, 2009.

주보돈, 《신라 지방통치체제의 정비과정과 촌락》, 신서원, 1998.

주보돈, 〈김춘추의 외교활동과 신라내정〉, 《한국학논집》 20, 1993.

주보돈, 〈7세기 나당관계의 시말〉, 《영남학》 20, 2011.

천진기, 〈신라 나무인형사자 고찰〉, 《이사부와 동해》 1, 2010.

채미하, 〈신라 혜공왕대 오묘제의 개정〉, 《한국사연구》 108, 2000.

채미하, 《신라 국가 제사와 왕권》, 혜안, 2008.

최광식, 《고대 한국의 국가와 제사》, 한길사, 1994.

최상기, 〈6~7세기 신라 육정의 전시 운용〉, 서울대학교 석사학위논문, 2013.

최현화, 〈7세기 중엽 나당관계에 관한 고찰〉, 《사학연구》 73, 2004.

하일식, 《신라 집권 관료제 연구》, 혜안, 2006.

한준수, 〈신라 신문왕대 10정의 설치와 체제정비〉, 《한국고대사연구》 38, 2005.

한준수, 《신라 중대 율령 정치사 연구》, 서경문화사, 2012.

한철호, 〈독도·울릉도 '가지'(강치)에 대한 인식의 변화와 그 의미〉, 《한국사학보》 49,
　　2012.

홍순창, 〈화랑과 신라의 정치사회〉, 《신라문화제학술발표논문집》 10, 1989.

# 찾아보기

## 신라는 어떻게 살아남았는가

⊙ 2015년 12월 30일 초판 1쇄 발행
⊙ 2021년 10월  7일 초판 6쇄 발행
⊙ 글쓴이          이상훈
⊙ 펴낸이          박혜숙
⊙ 디자인          이보용
⊙ 펴낸곳          도서출판 푸른역사
　우) 03044 서울시 종로구 자하문로8길 13
　전화: 02) 720-8921(편집부)  02) 720-8920(영업부)
　팩스: 02) 720-9887
　전자우편: 2013history@naver.com
　등록: 1997년 2월 14일 제13-483호

ⓒ 이상훈, 2021

ISBN    979-11-5612-064-3  03900